작렬

新 JLPT
일본어능력시험
N1 문자·어휘

이규환 지음

제일어학

머리말

　일본어 학습자 여러분 안녕하세요.《작렬 新JLPT 일본어능력시험 N1 문자·어휘》저자 이규환입니다. 오늘날 세계 각지에서 일본어를 배우는 학습자 수가 급속히 증가하고 있습니다. 더욱이 해외에 있는 일본어 학습자가 그 어학력을 실제로 활용할 수 있는 기회는 점점 늘고 있습니다. 또한 습득한 일본어 능력을 객관적으로 측정하여 공식적으로 인정받는 제도를 요청하는 목소리가 일본어 학습자들 사이에 높아져 왔습니다. 국제교류기금 및 일본국제교육지원협회는 이러한 요망에 부응하기 위하여, 일본 문부성과 일본 외무부 및 주대한민국 일본대사관의 후원하에 1984년(총 15개 국가 21개 도시에서 7,998명 응시)부터 일본 국내 및 해외에서 일본어를 모국어로 하지 않는 사람을 대상으로 일본어 능력을 측정하고 인정함을 목적으로 하는 제1회 일본어능력시험을 실시하였습니다. 일본어능력시험(JLPT)은 일본 정부가 공인하는 세계 유일의 일본어 시험인 만큼 2009년에는 수험자 수가 전 세계 54개국 77만 명에 달하는 세계 최대 규모의 일본어 시험으로 발전하였습니다. 단순 일본어 능력의 평가에서 벗어나 일본의 대학, 전문대학, 전문학교, 국내 대학교의 어학특기자전형, 입사, 승진 등의 평가 지표로도 널리 활용되고 있습니다. 다양화된 수험자와 수험 목적의 변화에 발맞춰, 일본어능력시험은 지난 20여 년간 축적된 시험 결과 데이터와 시험에 관한 요망을 바탕으로 2005년 '일본어능력시험 개선에 관한 검토회'를 설치하고 많은 전문가의 협력을 얻어 2010년 〈새로운 일본어능력시험(新JLPT)〉을 실시하게 되었습니다.

　2010년 7월부터 실시되고 있는 新일본어능력시험(新JLPT)은 기존의 1급-2급-3급-4급의 4단계에서 N1-N2-N3-N4-N5의 5단계로 단계가 조정되었습니다. 여기에서 뜻하는 N은 'New(신)'와 'Nihongo(일본어)'의 첫 글자인 N을 가리킵니다. 개정되면서 시험 유형 또한 변화가 있습니다. 이러한 변화된 유형에 맞춰 최대한 합격률을 높여드리고자 실전문제와 똑 같은 유형의 문제를 12회로 구성하여 수록하였습니다. 그리고 마지막에는 실전모의테스트를 실었습니다.

일본어 학습자분께서 N1 레벨을 학습하는 과정에 있어서 N1 합격은 물론이고 폭넓은 학습을 돕고자, 시험에 출제될 확률이 높거나 반드시 알아야 할 한자, 어휘, 관용구 등을 각 파트마다 고심에 고심을 거듭하여 수록하였습니다. 각 파트에 수록된 한자와 어휘들을 숙지한다면 문제를 푸는 데에는 아무런 지장이 없도록 하였습니다.

10여 년간의 시험반 강의 노하우가 담긴 본 교재로 시행하는, 대한민국 최고의 창의적이고 흥미로운 온·오프라인 강의로 일본어 학습자 여러분께 감동과 합격을 선사할 것을 약속드립니다.

마지막으로 출판에 도움을 주신 (도서출판) 제일어학 배경태 대표님께 이 자리를 빌려 깊은 감사를 표합니다.

이규환

新일본어능력시험 소개

1. 일본어능력시험의 목적과 실시

오늘날 세계 각지에서 일본어(日本語)를 배우는 학습자 수가 급속히 증가하고 있습니다. 더욱이 해외에 있는 일본어 학습자가 그 어학력을 실제로 활용할 수 있는 기회는 점점 늘고 있습니다. 또한 습득한 일본어 능력(日本語能力)을 객관적으로 측정하여 공식적으로 인정받는 제도를 요청하는 목소리가 일본어 학습자들 사이에 높아져 왔습니다. 국제교류기금(國際交流基金) 및 일본국제교육지원협회(日本國際敎育支援協會)는 이러한 요망에 부응하기 위하여 1984년부터 일본 국내 및 해외에서 일본어를 모국어로 하지 않는 사람을 대상으로 일본어 능력을 측정하고 인정함을 목적으로 하는 일본어능력시험을 실시하고 있습니다. 시작 당시의 수험자 수는 7,000명 정도였으나 2009년 수험자 수는 전 세계 54개국 77만 명에 달하여 세계 최대 규모의 일본어 시험으로 발전했습니다. 다양화된 수험자와 수험 목적의 변화에 발맞춰, 일본어능력시험은 지난 20여 년간 축적된 시험 결과 데이터와 시험에 관한 요망을 바탕으로 2005년 '일본어능력시험 개선에 관한 검토회'를 설치하고 많은 전문가의 협력을 얻어 2010년 새로운 〈일본어능력시험〉을 실시하게 되었습니다.

2. 개정 포인트

1) 과제 수행을 위한 언어 커뮤니케이션 능력을 측정합니다.

과제 수행을 위한 언어 커뮤니케이션 능력을 측정하는 일본어에 관한 지식과 함께, 실제로 운용할 수 있는 일본어 능력을 중시합니다. 그 때문에 문자·어휘·문법이라고 하는 언어 지식과 그 언어 지식을 이용해 커뮤니케이션상의 과제를 수행하는 능력을 측정합니다.

2) 레벨이 4단계에서 5단계로 늘어났습니다.

레벨이 예전 시험의 4단계(1급, 2급, 3급, 4급)에서 5단계(N1, N2, N3, N4, N5)로 늘어났습니다. 새로운 시험의 레벨과 예전 시험의 레벨을 비교해 보면 다음과 같습니다.

N1	예전 시험의 1급보다 약간 높은 레벨입니다. 합격선은 예전 시험과 거의 같습니다. 폭넓은 장면에서 사용되는 일본어를 이해할 수 있어야 합니다.
N2	예전 시험의 2급과 거의 같은 레벨입니다. 일상적인 장면에서 사용되는 일본어의 이해를 넘어서 더 폭넓은 장면에서 사용되는 일본어를 어느 정도 이해할 수 있어야 합니다.
N3	예전 시험의 2급과 3급 사이의 레벨입니다. 일상적인 장면에서 사용되는 일본어를 어느 정도 이해할 수 있어야 합니다. (신설)
N4	예전 시험의 3급과 거의 같은 레벨입니다. 기본적인 일본어를 거의 이해할 수 있어야 합니다.
N5	예전 시험의 4급과 거의 같은 레벨입니다. 기본적인 일본어를 어느 정도 이해할 수 있어야 합니다.

*N은 「Nihongo(일본어)」, 「New(새롭다)」를 나타냅니다.

3) 1년에 2회 실시

新일본어능력시험은 7월 첫째 주 일요일과 12월 첫째 주 일요일로 정해져 있습니다.

4) 합격점 이상만 받으면 합격하였던 절대평가 방식과 달리 시험 난이도에 따라 합격점 기준이 변하는 상대평가 방식으로 바뀌었습니다.

5) 청해의 비중이 예전 25%에서 33.3%로 높아졌습니다.

6) 과목낙제(과락)가 신설되어, 각 과목의 득점 구분에서 기준점 이상을 받아야 합격입니다.

3. 시험 과목과 시험 시간

각 레벨의 시험 과목과 시험 시간은 다음과 같습니다.

레벨	시험 과목(시험 시간)		
N1	언어지식(문자, 어휘, 문법), 독해 (110분)		청해 (60분)
N2	언어지식(문자, 어휘, 문법), 독해 (105분)		청해 (50분)
N3	언어지식(문자, 어휘) (30분)	언어지식(문법), 독해 (70분)	청해 (40분)
N4	언어지식(문자, 어휘) (30분)	언어지식(문법), 독해 (60분)	청해 (35분)
N5	언어지식(문자, 어휘) (25분)	언어지식(문법), 독해 (50분)	청해 (30분)

* 시험 시간은 변경되는 경우도 있습니다. 청해는 시험 문제 녹음의 길이에 따라 시험 시간이 바뀝니다.

N1과 N2의 시험 과목은 ①「언어지식(문자, 어휘, 문법)·독해」, ②「청해」의 두 과목입니다. N3, N4, N5의 시험 과목은 ①「언어지식(문자, 어휘)」, ②「언어지식(문법)·독해」, ③「청해」의 세 과목입니다.

4. 시험 결과

1) 시험 결과의 표시

각 레벨의 득점 구분과 득점 범위는 다음과 같습니다.

레벨	득점 구분	득점 범위
N1	언어지식(문자, 어휘, 문법)	0~60
	독해	0~60
	청해	0~60
	종합득점	0~180
N2	언어지식(문자, 어휘, 문법)	0~60
	독해	0~60
	청해	0~60
	종합득점	0~180
N3	언어지식(문자, 어휘, 문법)	0~60
	독해	0~60
	청해	0~60
	종합득점	0~180
N4	언어지식(문자, 어휘, 문법), 독해	0~120
	청해	0~60
	종합득점	0~180
N5	언어지식(문자, 어휘, 문법), 독해	0~120
	청해	0~60
	종합득점	0~180

N1, N2, N3의 득점 구분은 ①언어지식(문자, 어휘, 문법), ②독해, ③청해의 3구분입니다.

N4, N5의 득점 구분은 ①언어지식(문자, 어휘, 문법), 독해, ②청해의 2구분입니다.

2) 합격 · 불합격의 판정기준

종합득점과 각 득점 구분의 기준점 두 개에서 합격 여부가 판정됩니다. 기준점이란, 각 득점 구분으로 적어도 이 이상은 필요하다고 하는 득점입니다. 득점 구분의 득점이 하나라도 기준점에 이르지 못하면, 종합득점이 아무리 높아도 불합격 처리됩니다. 각 득점 구분에 기준점을 두는 것은 학습자의 일본어 능력을 종합적으로 평가하기 위함입니다.

레벨	합격점	기준점		
		언어지식	독해	청해
N1	100	19	19	19
N2	90	19	19	19
N3	95	19	19	19
N4	90	38		19
N5	80	38		19

5. 문제의 구성

각 레벨에서 출제되는 문제의 구성과 문항 수는 다음과 같습니다.

시험 과목		문제의 종류	문항 수 ※				
			N1	N2	N3	N4	N5
언어지식 · 독해	문자·어휘	한자 읽기	6	5	8	9	12
		한자 표기	–	5	6	6	8
		어형성	–	5	–	–	–
		문맥 규정	7	7	11	10	10
		유의어로 바꾸기	6	5	5	5	5
		용법	6	5	5	5	–
		문항 수 합계	25	32	35	35	35
	문법	문의 문법1(문법형식의 판단)	10	12	13	15	16
		문의 문법2(문장 어순 완성)	5	5	5	5	5
		문장의 문법	5	5	5	5	5
		문항 수 합계	20	22	23	25	26
	독해	내용 이해 (단문)	4	5	4	4	3
		내용 이해 (중문)	9	9	6	4	2
		내용 이해 (장문)	4	–	4	–	–
		종합 이해	3	2	–	–	–
		주장 이해 (장문)	4	3	–	–	–
		정보 검색	2	2	2	2	1
		문항 수 합계	26	21	16	10	6
청해		과제 이해	6	5	6	8	7
		포인트 이해	7	6	6	7	6
		개요 이해	6	5	3	–	–
		발화 이해	–	–	4	5	5
		즉시 응답	14	12	9	8	6
		종합 이해	4	4	–	–	–
문항 수 합계			37	32	28	28	24

※ 문항 수는 매회 시험에서 출제되는 기준으로, 실제 출제 수는 다소 디를 수도 있습니다.

교재의 구성과 공부법

❶ 한자 읽기
밑줄 친 한자의 음 또는 훈 읽는 법을 묻는 문제로 주로 명사, 형용사, 동사가 출제되며, 간혹 부사나 접속사가 출제되는 경우도 있습니다. 그 한자가 지닌 음과 훈의 읽는 법을 정확히 숙지해야 합니다.

❷ 문맥규정
문맥상 적절한 어휘를 묻는 문제로 명사, 형용사, 동사, 부사, 접속사 등 다양한 품사가 출제되고 있습니다.

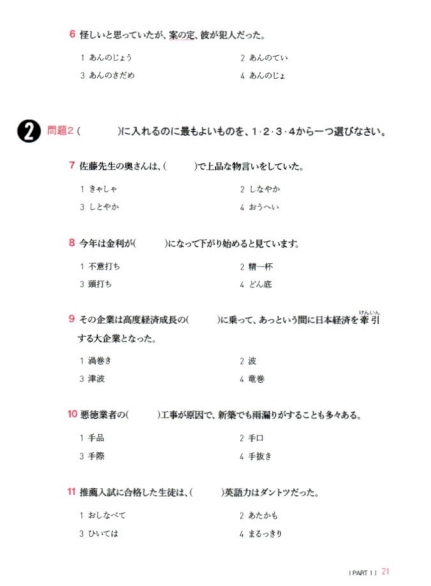

❸ 유의어로 바꾸기

밑줄 친 어휘와 가장 가까운 뜻을 묻는 문제
로 보기 중에서 의미가 가장 가까운 것을 고
르면 되는 문제입니다. 그러므로 밑줄과 보기
의 뜻이 100% 일치하지 않는 경우도 있습니
다. 명사, 형용사, 동사, 부사, 접속사 등 다양
한 품사가 출제되고 있습니다.

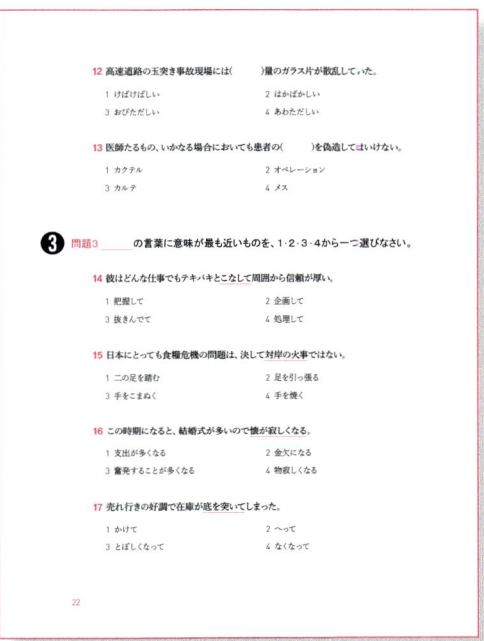

❹ 용법

주어진 어휘의 사용법으로서 가장 올바른 것
이 무엇인지를 묻는 문제로 명사, 형용사, 부
사, 접속사 등 다양한 품사가 출제되고 있으
며, 간혹 문법이 출제되는 경우도 있습니다.
많은 예문을 통해서 그 어휘의 정확한 사용법
을 감각으로 익히셔야 합니다.

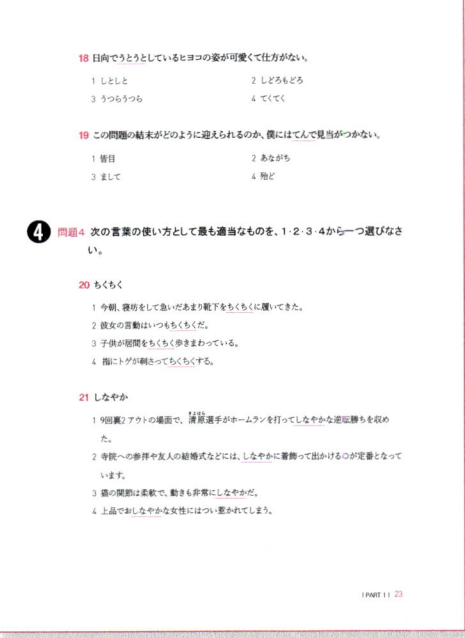

| PART 1 |

동사

相知る <small>あい し</small>	서로 알다
相次ぐ <small>あい つ</small>	잇따르다
あえる	무치다, 버무리다
仰ぐ <small>あお</small>	우러러보다, 쳐다보다 / 우러르다, 공경하다
扇ぐ <small>あお</small>	부채질하다
購う <small>あがな</small>	사다
当てはまる <small>あ</small>	들어맞다
傷む <small>いた</small>	고장나다, 파손되다, 망가지다 / 음식이 상하다
痛む <small>いた</small>	(몸·마음이) 아프다
悼む <small>いた</small>	(남의 죽음을) 슬퍼하다, 애도하다
炒める <small>いた</small>	(기름에) 볶다
飢える <small>う</small>	굶주리다

熟す <small>こな</small>	빻다, 잘게 부수다 / (음식을) 삭이다, 소화시키다 / (일 등을 계획대로) 해치우다. 처리하다 /《동사의 ます형에 붙어》그 동작을 능숙하게 함을 나타냄.〈접미어〉
冴える <small>さ</small>	추워지다 / (두뇌가) 맑아지다, 명석해지다
遡る <small>さかのぼ</small>	거슬러 올라가다
裂ける <small>さ</small>	찢어지다
避ける <small>さ</small>	피하다
差し伸べる <small>さ の</small>	(쭉) 내밀다, 뻗치다
縮れる <small>ちぢ</small>	주름이 지다 / (머리털이) 곱슬곱슬해지다
仕える <small>つか</small>	섬기다, 모시다
伝う <small>つた</small>	타다, 어떤 것을 따라서 이동하다
貫く <small>つらぬ</small>	꿰뚫다 / 가로지르다 / 관철하다

抜け出す	빠져 나가다, 살짝 도망치다	わだかまる	(뱀 따위가) 서리다, 도사리다
響く	메아리치다 / 울리다 / 영향을 주다		
歪む	(모양·정신·성질 등이) 비뚤어지다, 일그러지다, 왜곡되다		

음독 명사

愛嬌	애교	依頼	의뢰
相性	궁합이 맞음	隠居	은거, 또는 은퇴한 노인
愛想	붙임성, 상냥함	飢饉	기근
圧縮	압축	該当	해당, 조건에 들어 맞음
圧迫	압박	当該	해당, 그것에 관계가 있음
暗算	암산	遵守	준수
行灯	사방등, 각등	成就	성취
委員	위원	繊維	섬유
意向	의향	占領	점령
移行	이행	堕落	타락
遺跡	유적	墜落	추락
一連	일련	蛋白質	단백질
逸品	일품	捏造	날조
一変	일변, 완전히 바뀜	罰金	벌금
意欲	의욕	網羅	망라

| 留年 りゅうねん | 낙제, 유급 | 惑星 わくせい | 혹성, 행성 |

훈독 명사

藍色 あいいろ	남색
証 あかし	증거
頭打ち あたまうち	시세가 더 이상 오를 가망이 없는 상태 / 더 진전할 가망이 없는 한계, 한계점
宛名 あてな	(우편물·서류 등에 쓰는) 상대의 이름이나 주소
網 あみ	그물
誤り あやまり	잘못, 실수
生花 いけばな	꽃꽂이
居間 いま	거실
海原 うなばら	넓은 바다, 대양
己 おのれ	자기 자신
籠 かご	바구니

五月雨 さみだれ	음력 5월경의 장맛비
時雨 しぐれ	(늦가을부터 초겨울에 걸쳐) 오다 말다 하는 비
雫 しずく	물방울
竜巻 たつまき	회오리바람
盾 たて	방패
手抜き てぬき	해야 할 수고[공정·절차]를 생략함, 날림, 부실
扉 とびら	문짝, 문
眺め ながめ	조망, 경치, 전망
波 なみ	파도 / (시대의) 조류, 추세
夕闇 ゆうやみ	땅거미

い형용사

青臭い あおくさい	풋내가 나다 / 미숙하다, 유치하다
浅ましい あさましい	한심스럽다, 딱하다 / 비열하다, 치사스럽다
淡い あわい	(색·맛·향기 등이) 진하지 않다, 연하다

痛ましい いたましい	가엾다, 딱하다
卑しい いやしい	(신분·지위가) 낮다, 천하다
いらだたしい	초조하다

夥 しい <small>おびただ</small>	(양이) 엄청나다, 굉장히 많다 / (정도가) 엄청나다, 심하다	けばけばしい	(꾸밈새 등이) 요란하다
		煩 わしい <small>わずら</small>	번거롭다, 귀찮다, 성가시다

な형용사

鮮やか <small>あざ</small>	선명함 / 멋짐, 훌륭함	しとやか	(흔히, 여성이) 얌전함, 정숙함, 숙부드러움
艶やか <small>あで</small>	(여성이) 요염함	しなやか	나긋나긋함, 낭창낭창함, 부드러움
哀れ <small>あわ</small>	가엾음, 불쌍함, 딱함		
華奢 <small>きゃしゃ</small>	(모습·모양 등이) 가냘프고 맵시 있음, 날씬함	性急 <small>せいきゅう</small>	성급함
清らか <small>きよ</small>	맑음, 깨끗함, 청아함	殺生 <small>せっしょう</small>	무자비함, 잔혹함
こっけい	골계, 우스꽝스러움		

부사 or 접속사

敢えて <small>あ</small>	굳이, 감히	ことごとく	모두, 모조리, 깡그리, 죄다
あたかも	마치	さながら	마치
あながち	반드시, 꼭 〈부정의 말이 따름〉	さほど	그다지, 그리, 별로
案の定 <small>あん じょう</small>	아니나 다를까, 생각한 대로, 과연	ちくちく	바늘 같은 것으로 얕게 반복하여 찌르는 모양, 콕콕 / 바늘이나 가시에 찔리듯이 아픈 모양, 따끔따끔, 뜨끔뜨끔
うとうと	조는 모양, 꾸벅꾸벅		
押しなべて <small>お</small>	모두, 한결같이, 통틀어 / (전부는 아니지만) 대체로, 일반적으로	てんで	전혀, 도무지
皆目 <small>かいもく</small>	전혀, 도무지	専ら <small>もっぱ</small>	오로지, 한결같이

カタカナ

ウイルス	바이러스	ドライ	무미건조함
オペレーション	수술 / (기계의) 조작	ブランコ	그네
カルテ	카르테, 진료 기록 카드	リリース	신발매, 제품을 발표하고 발매함
セレモニー	의식	レシート	영수증
ターゲット	타깃, 표적, 과녁 / 목표		
デメリット	디메릿, 결점, 단점		

관용구

油を絞る	호되게 꾸짖다, 혼내 주다	手をこまぬく	팔짱을 끼다 / 수수방관하다
溺れる者は藁をも摑む	물에 빠진 사람은 지푸라기라도 잡는다	と(ん)びが鷹を生む	소리개가 매를 낳다, 개천에서 용 나다
底を突く	저장해 둔 것이 바닥이 나다	懐が寂しい	가진 돈이 없다[적다]
対岸の火事	강 건너의 불, 나에게 관계 없는 일의 비유		

問題1 _____ の言葉の読み方として最もよいものを、1・2・3・4から一つ選びなさい。

1 戦争を起こし、人体実験をしたのはあまりにも殺生な仕打ちだ。

1　さいせい　　　　　　　　2　さいしょう

3　せっしょう　　　　　　　4　さっしょう

2 海原を眺めながらの釣りは、いつもの釣りとは違って解放感が味わえる。

1　うなばら　　　　　　　　2　うみわら

3　うみばら　　　　　　　　4　かいげん

3 引っ越しの際は、部屋の解約や住民票の変更をはじめ、煩わしい手続きが待っている。

1　まぎらわしい　　　　　　2　わずらわしい

3　けがらわしい　　　　　　4　せわしい

4 歪んだ歴史観には、まことに遺憾にたえないところでございます。

1　うがんだ　　　　　　　　2　しがんだ

3　わいんだ　　　　　　　　4　ゆがんだ

5 行灯とは、江戸時代に日本中に広く普及した照明器具である。

1　こうとう　　　　　　　　2　あんぎゃ

3　あんどん　　　　　　　　4　ぎょうとう

6 怪しいと思っていたが、案の定、彼が犯人だった。

　　1 あんのじょう　　　　　　　　2 あんのてい

　　3 あんのさだめ　　　　　　　　4 あんのじょ

問題2（　　　　　）に入れるのに最もよいものを、1・2・3・4から一つ選びなさい。

7 佐藤先生の奥さんは、（　　　　）で上品な物言いをしていた。

　　1 きゃしゃ　　　　　　　　　　2 しなやか

　　3 しとやか　　　　　　　　　　4 おうへい

8 今年は金利が（　　　　）になって下がり始めると見ています。

　　1 不意打ち　　　　　　　　　　2 精一杯

　　3 頭打ち　　　　　　　　　　　4 どん底

9 その企業は高度経済成長の（　　　　）に乗って、あっという間に日本経済を牽引^{けんいん}
する大企業となった。

　　1 渦巻き　　　　　　　　　　　2 波

　　3 津波　　　　　　　　　　　　4 竜巻

10 悪徳業者の（　　　　）工事が原因で、新築でも雨漏りがすることも多々ある。

　　1 手品　　　　　　　　　　　　2 手口

　　3 手際　　　　　　　　　　　　4 手抜き

11 推薦入試に合格した生徒は、（　　　　）英語力はダントツだった。

　　1 おしなべて　　　　　　　　　2 あたかも

　　3 ひいては　　　　　　　　　　4 まるっきり

12 高速道路の玉突き事故現場には（　　　　）量のガラス片が散乱していた。

1 けばけばしい
2 はかばかしい
3 おびただしい
4 あわただしい

13 医師たるもの、いかなる場合においても患者の（　　　　）を偽造してはいけない。

1 カクテル
2 オペレーション
3 カルテ
4 メス

問題3　＿＿＿の言葉に意味が最も近いものを、1・2・3・4から一つ選びなさい。

14 彼はどんな仕事でもテキパキと<u>こなして</u>周囲から信頼が厚い。

1 把握して
2 企画して
3 抜きんでて
4 処理して

15 日本にとっても食糧危機の問題は、決して<u>対岸の火事</u>ではない。

1 二の足を踏む
2 足を引っ張る
3 手をこまぬく
4 手を焼く

16 この時期になると、結婚式が多いので<u>懐が寂しくなる</u>。

1 支出が多くなる
2 金欠になる
3 奮発することが多くなる
4 物寂しくなる

17 売れ行きの好調で在庫が<u>底を突いて</u>しまった。

1 かけて
2 へって
3 とぼしくなって
4 なくなって

18 日向でうとうとしているヒヨコの姿が可愛くて仕方がない。

1 しとしと

2 しどろもどろ

3 うつらうつら

4 てくてく

19 この問題の結末がどのように迎えられるのか、僕にはてんで見当がつかない。

1 皆目

2 あながち

3 まして

4 殆ど

問題4 次の言葉の使い方として最も適当なものを、1・2・3・4から一つ選びなさい。

20 ちくちく

1 今朝、寝坊をして急いだあまり靴下をちくちくに履いてきた。

2 彼女の言動はいつもちくちくだ。

3 子供が居間をちくちく歩きまわっている。

4 指にトゲが刺さってちくちくする。

21 しなやか

1 9回裏2アウトの場面で、清原選手がホームランを打ってしなやかな逆転勝ちを収めた。

2 寺院への参拝や友人の結婚式などには、しなやかに着飾って出かけるのが定番となっています。

3 猫の関節は柔軟で、動きも非常にしなやかだ。

4 上品でおしなやかな女性にはつい惹かれてしまう。

22 悼む
いた

1 東日本大震災により甚大な被害を受けた方々のことを考えると胸が悼む。

2 金子様のご逝去を悼み、謹んでお悔やみ申し上げます。

3 片頭痛は、頭部の片側がズキズキ悼むことが特徴です。

4 もやしは悼むのが早いので早く食べた方が良い。

23 遵守

1 その村では、伝統的な合掌造りが今でも大切に遵守されている。

2 彼らは祖国を遵守するために勇ましく戦った。

3 自動車の運転にあたっては、常に交通法規を遵守し安全運転に努めるべきだ。

4 犯罪の被害に遭うかどうかは、自分の身を遵守するための努力に左右される。

24 ことごとく

1 今まで、ありとあらゆるダイエット方法を試してきたが、ことごとく失敗に終わってしまった。

2 ワールドカップは4年ことごとく開催されている。

3 葡萄の種類の中には、種もなく、皮ことごとく食べられる品種があるそうだ。

4 あまりにも暑くて、歩くだけで汗が滝のことごとく流れ落ちる。

25 当該
とうがい

1 この条件に当該する方はお申し出ください。

2 この件につきましては、当該部署へ行ってお尋ねください。

3 ストレス度診断テストにチェックしてみたら、私の場合は4項目に当該した。

4 当該事項がある場合は○で囲み、ない場合は空欄のままにしておいてください。

| PART 2 |

동사

明け暮れる _あ _く	세월이 흐르다
嘲る _{あざけ}	비웃다, 조소하다 〈5〉
欺く _{あざむ}	속이다, 기만하다 / 〈「~を欺く」의 꼴로〉 ~으로 착각할 정도이다, 무색게 하 다
打ち出す _う _だ	〈「打ち」는 접두어〉 (주의 · 주장을) 명확히 내세우다
省みる _{かえり}	돌이켜보다, 반성하다
凝る _こ	엉기다, 응고하다 / 근육이 뻐근하다, 결리다 / 열중하다, 몰두하다, 미치다 / (의장에) 공을 들이다
遮る _{さえぎ}	차단하다, 가리다
立て替える _た _か	입체하다, 대금을 대신 치르다
縮む _{ちぢ}	줄다, 오그라들다
支える _{つか}	막히다, 메다

捕らわれる _と	붙잡히다, 사로잡히다 / 얽매이다
匂わせる _{にお}	향기를 풍기다 / 암시하다, 비추다
塗り替える _ぬ _か	다시 칠하다
罵る _{ののし}	큰 소리로 비난하다, 욕설을 퍼붓다 〈5〉
呪う _{のろ}	저주하다
剥がす _は	벗기다, 떼다
禿げる _は	머리가 벗겨지다
弾ける _{はじ}	(여물어) 터지다
吹き替える _ふ _か	(외국 영화 등의 대사를) 자국어로 번역하여 녹음하 다
振り替える _ふ _か	(일시적으로) 대체하다
仄めかす _{ほの}	넌지시 비추다, 암시하다
見合わせる _み _あ	마주보다 / 보류하다
群がる _{むら}	떼 지어 모이다

目覚める （めざめる）	잠에서 깨다 / (본능 등이) 싹트다	物語る （ものがたる）	이야기하다 / (어떤 사실이) 말해 준다

음독 명사

悪癖 （あくへき）	나쁜 버릇	一律 （いちりつ）	일률
悪魔 （あくま）	악마	一括 （いっかつ）	일괄
圧倒 （あっとう）	압도	医療 （いりょう）	의료
暗示 （あんじ）	암시	異論 （いろん）	이론, 이의
安静 （あんせい）	안정	印鑑 （いんかん）	인감
意義 （いぎ）	의의	改修 （かいしゅう）	개수, 수리
異議 （いぎ）	이의, 다른 의미	下戸 （げこ）	술을 못하는 사람
異口同音 （いくどうおん）	이구동성	執筆 （しっぴつ）	집필
意地 （いじ）	고집 / 심술	情緒 （じょうちょ）	정서, 정취
維持 （いじ）	유지	雑木 （ぞうき）	잡목
衣装 （いしょう）	의상	通夜 （つや）	(초상집에서의) 밤샘
依然 （いぜん）	의연, 여전, 전과 다름 없음	判子 （はんこ）	도장
依存 （いそん）	의존	噴飯 （ふんぱん）	분반, 참을 수 없어 웃어 버림
委託 （いたく）	위탁	妨害 （ぼうがい）	방해
一存 （いちぞん）	자기 혼자만의 생각·판단	露骨 （ろこつ）	노골

훈독 명사

相合傘 （あいあいがさ）	한 우산을 남녀가 함께 받음[씀]	垢 （あか）	때

麻 _{あさ}	마, 삼실, 삼베

釘 _{くぎ}	못

足元 _{あしもと}	발 밑

暦 _{こよみ}	책력, 달력

跡 _{あと}	자국

峠 _{とうげ}	고개 / 절정 / 고비

海女 _{あ ま}	해녀

どん底 _{ぞこ}	맨 밑바닥 / 최악의 상태, 구렁텅이

編物 _{あみもの}	뜨개질

日取り _{ひ ど}	(중요한 일·큰 일의) 날짜를 잡음, 또는 그 날짜

霰 _{あられ}	싸라기눈

取り柄 _{と え}	장점

勢い _{いきお}	기세

誇り _{ほこ}	자랑, 긍지, 자존심, 자긍심

礎 _{いしずえ}	초석, 주춧돌

山場 _{やまば}	절정 / 고비

賭け _か	내기 / (비유적으로) 도박, 모험

要 _{かなめ}	가장 중요한 점[부분], 요점, 요소

い형용사

あどけない	천진난만하다

女々しい _{め め}	여자 같다, 사내답지 못하다

いぶかしい	의심스럽다

もどかしい	(뜻대로 안 되어) 답답하다, 안타깝다

えげつない	야비하다

ややこしい	복잡하다, 까다롭다

焦れったい _じ	(뜻대로 안 되어서) 답답하다, 속이 타다

よんどころない	부득이하다, 어쩔 수 없다

つれない	야속하다

名高い _{な だか}	유명하다

惨い _{むご}	잔인하다, 매정하다, 무자비하다

な형용사

あやふや	애매함, 모호함
おっくう	귀찮음
奇妙（きみょう）	기묘, 이상함
速（すみ）やか	신속함
静寂（せいじゃく）	정적
ぞんざい	조심성이 없이 아무렇게나 하는 모양 / 말이나 행동이 거칠고 무례한 모양

存分（ぞんぶん）	마음껏, 실컷
巧（たく）み	능란함, 능숙함, 교묘함
なおざり	등한함, 소홀함
無愛想（ぶあいそう）	무뚝뚝함, 붙임성이 없음
僅（わず）か	조금, 약간, 근소함, 불과

부사 or 접속사

悪（あ）しからず	언짢게 생각하지 마시기를
うんざり	지긋지긋하게, 지겹게, 진절머리 나게
おまけに	게다가
がさがさ	꺼칠꺼칠, 꺼슬꺼슬 / 부스럭부스럭
きっちり	꼭, 빈틈이 없는 모양, 꽉 들어맞는 모양 / 시간·수량 등에 우수리가 없는 모양, 꼭, 정각

ぐうぐう	코고는 소리, 쿨쿨
すっかり	완전히, 아주
すっと	훌쩍, 휙
たらたら	뚝뚝, 줄줄
ひらひら	펄럭펄럭
ぽっきり	(단단한 것이) 힘없이 부러지는 모양, 똑, 뚝

カタカナ

エレガント	우아함
カーナビ	카 내비게이션

グリーティングカード	그리팅 카드, (크리스마스·신년·생일·결혼식 등을) 축하하여 보내는 카드

サービスエリア	고속도로의 휴게소	モップ	자루걸레
シャーマニズム	샤머니즘	ローン	론, 대출
デリケート	섬세함	ワクチン	백신
ベビーシッター	베이비 시터, 엄마 대신 아기를 돌봐 주는 여자		

관용구

三度目の正直 일은 세 번째에는 기대하는 대로 결과가 나온다는 것, 삼세번

三拍子揃う 삼박자를 고루 갖추다

親しき仲にも礼儀あり
친한 사이에도 서로 예의를 지켜야 친분이 오래갈 수 있다

取らぬ狸の皮算用
《너구리 굴 보고 피물(皮物)돈 내어 쓴다》 김칫국부터 마신다

二階から目薬《뜻대로 되지 않아 답답하거나 그다지 효과가 없음의 비유》이층에서 아래층 사람 눈에 안약 넣기, 대청에 앉아서 마당 쓸기

二枚舌を使う 모순된 말을 하다, 거짓말을 하다

判子で押したよう
판에 박은 듯한 모양

問題1 _____の言葉の読み方として最もよいものを、1・2・3・4から一つ選びなさい。

1 ある文芸誌から依頼を受けて短編小説を<u>執筆</u>している。

　　1 しゅうぴつ　　　　　　　2 しゅうひつ

　　3 しっぴつ　　　　　　　　4 しつひつ

2 奈良市中心部には「ならまち」と呼ばれる歴史的<u>情緒</u>あふれる街並みが残されている。

　　1 ぜいしょ　　　　　　　　2 ぜいちょ

　　3 じょしょ　　　　　　　　4 じょうちょ

3 <u>孔子</u>は、一日に三度も自分の過ちを<u>省みる</u>心を持っていたということだ。

　　1 かえりみる　　　　　　　2 かんがみる

　　3 せいみる　　　　　　　　4 しょうみる

4 「人生は<u>賭け</u>であり、マーケティングもまた賭けである」と言われている。

　　1 やけ　　　　　　　　　　2 たけ

　　3 こけ　　　　　　　　　　4 かけ

5 最近、<u>凝った</u>デザインのお洒落な名刺が増えてきている。

　　1 はった　　　　　　　　　2 うたがった

　　3 こった　　　　　　　　　4 ねった

6 明々と照明された室内は昼を欺く明るさであった。

1 うつむく   2 あざむく

3 かたむく   4 そむく

問題2 (　　　　　　　　)に入れるのに最もよいものを、1・2・3・4から一つ選びなさい。

7 あの俳優は個性的な風貌と(　　　　　　　)な演技で、どんな役でも存在感を発揮する。

1 企み   2 台無し

3 月並み   4 巧み

8 今年大学を卒業し地元で就職したが、毎日(　　　　　)で押したようなルーティンを繰り返している。

1 判子   2 小判

3 太鼓判   4 駄目

9 やはり女性は(　　　　　)イメージの草食系男子よりも男らしいイメージの肉食系男子に惹かれるようだ。

1 おおしい   2 けばけばしい

3 めめしい   4 たどたどしい

10 ちょっとしたミスで解雇にするなんて、それは(　　　　　)仕打ちだ。

1 むごい   2 よんどころない

3 あどけない   4 じれったい

11 相手の名刺を(　　　　　　)に扱うのは相手の人格を尊重しないのと同じぐらいの
非礼である。

1 おろか　　　　　　　　　　　2 ぞんざい

3 あやふや　　　　　　　　　　4 ぞんぶん

12 現金の持ち合わせがなかったので、親友に(　　　　　)てもらった。

1 吹き替え　　　　　　　　　　2 振り替え

3 切り替え　　　　　　　　　　4 立て替え

13 保管ケースの蓋はパチンと音がするまで(　　　　　)閉めてください。

1 ぽっきり　　　　　　　　　　2 きっかり

3 きっちり　　　　　　　　　　4 どっしり

問題3 _____ の言葉に意味が最も近いものを、1・2・3・4から一つ選びなさい。

14 過去の栄光にしがみついている人は、一度倒れると起き上がることができません。

1 しいたげて　　　　　　　　　2 こんがらかって

3 からんで　　　　　　　　　　4 とらわれて

15 「贅六」とは、江戸時代に江戸の者が関西人をあざけって言った言葉らしい。

1 あおいで　　　　　　　　　　2 からかって

3 したって　　　　　　　　　　4 おそって

16 遺産相続って、法律上の問題も関わってくるのでややこしい。

1 おっくうだ　　　　　　　　　2 めっそうもない

3 ふくざつだ　　　　　　　　　4 わずらわしい

17 一郎選手はインタビューのなかで、今シーズン限りで現役から引退することをほのめかした。

1 におわせた   2 みせつけた

3 みせびらかした   4 おおっぴらにした

18 北朝鮮の度重なる挑発により、朝鮮半島情勢の緊張が山場を迎えた。

1 どんぞこ   2 かなめ

3 てっぺん   4 とうげ

19 朝礼での校長先生の長話にはもううんざりだ。

1 斬新だ   2 退屈だ

3 仰天だ   4 噴飯だ

問題4 次の言葉の使い方として最も適当なものを、1・2・3・4から一つ選びなさい。

20 一律

1 試合終了と同時に観客が一律に立ち上がり、盛大な拍手を送った。

2 駐車場内での事故には一律責任を負いかねます。

3 配送料が全国一律500円かかります。

4 一律の経費は日本国際交流基金が持ちます。

21 日取り

1 結婚式の日取りって最近では拘らないカップルも増えてきたようだ。

2 「光陰矢の如し」と言われるように、日取りが経つのは早い。

3 子供の頃、日取りゲームをしながら単語の勉強をしたことがある。

4 重要書類の日取り欄を書き忘れたまま郵送してしまった。

22 ののしる

1 先日、授業中の私語で先生にののしられた。

2 飛び込み営業で、門前払いをののしられたことがある。

3 子供の無礼な行為に対しては、怒鳴りつけるよりやさしくののしった方が効果ある。

4 2人の酔っ払いが口汚くののしり合いながら喧嘩をしていた。

23 取り柄

1 神社には内と外を分ける境に取り柄が建てられている。

2 何の取り柄もない凡人が就活で成功するためには、どうすればいいでしょうか。

3 業務執行の意思決定は具体的に取り柄役会で行われる。

4 取り柄て言うほどの作品もない。

24 すっかり

1 よりによって試験中に鉛筆の芯がすっかりと折れてしまった。

2 石田家はすっかりした嫁をもらったようだ。

3 忙しい生活の中、ビザの更新をすっかり忘れていた。

4 今日のサッカー試合の判定はすっかりしない場面が多かった。

25 存分

1 塩原ならではの温泉街コースやおもてなしを存分に楽しんでください。

2 まだ人種差別が存分していることは残念だ。

3 この件については、皆さんも既にご存分だとは思うんですが。

4 私の存分でお返事いたしかねますので、責任者に申し伝えます。

| PART 3 |

동사

煽る ^{あお}	부채질하다 / 부추기다, 선동하다
承る ^{うけたまわ}	「받다」의 겸사말 / 「듣다」의 겸사말
討つ ^う	(무기 등으로) 공격하다, 치다
うつむく	머리[고개]를 숙이다
生い茂る ^{お　しげ}	(초목이) 무성해지다, 우거지다 〈5〉
老いる ^お	늙다
輝く ^{かがや}	빛나다, 반짝이다
授かる ^{さず}	(신불이나 윗사람이) 내려 주시다
授ける ^{さず}	내리다, 하사하다, 수여하다 / 전수하다
仕入れる ^{し い}	(업자가 상품·원료 등을) 사들이다, 매입하다
茶化す ^{ちゃ か}	얼렁뚱땅 얼버무려 넘기다
浸かる ^つ	잠기다
繕う ^{つくろ}	수선하다, 꿰매다
とぼける	시치미를 떼다
はぐらかす	(말머리를 돌려) 얼버무리다
弾む ^{はず}	(탄력 있는 것이) 튀다 / 탄력이 붙다, 활기를 띠다
跳ねる ^は	뛰다, 뛰어오르다 / (물·기름 등이) 튀다
はばかる	꺼리다, 주저하다
はまる	(구멍·틀 등에) 꼭 끼이다, 꼭 들어맞다 / 빠지다
ひざまずく	무릎 꿇다
隔てる ^{へだ}	사이에 두다 / (사이를) 떼어 놓다
勝る ^{まさ}	(다른 것과 비교해서) 낫다, 뛰어나다
命じる ^{めい}	명령하다
揺らぐ ^ゆ	흔들리다
患う ^{わずら}	앓다, 병이 나다

음독 명사

あっぱく 圧迫	압박
いっしゅん 一瞬	일순, 일순간
いっぷく 一服	차를 한 잔 마심, 담배를 한 대 피움 / (차를 한 잔 마시거나 담배를 한 대 피우며) 잠시 쉼
うんちん 運賃	운임
うんぱん 運搬	운반
えんかく 遠隔	원격
えんがん 沿岸	연안
えんしゅう 円周	원주
えんせん 沿線	연선
えんだん 縁談	혼담
えんぽう 遠方	먼 곳
おうごん 黄金	황금
おうしん 往診	왕진
おうべい 欧米	구미
おく 億	억

か そ 過疎	과소, (인구 등이) 지나치게 성김
がっぺい 合併	합병
け ねん 懸念	염려, 걱정
し へい 紙幣	지폐
たいまん 怠慢	태만
ちゅうしょう 中 傷	중상, 비방 (重傷 じゅうしょう 중상, 몹시 다침)
ちょうほう 重 宝	소중히 여김, 아낌 / 편리하여 애용함, 편리하고 유용함
ちんでん 沈殿	침전
ていさい 体裁	외관, 겉모양
ていたく 邸宅	저택
ふっこう 復興	부흥, 복구, 원래의 활기를 되찾음[회복함]
ほう わ 飽和	포화
ようご 擁護	옹호

훈독 명사

あやま 過 ち	실수, 잘못, 실패
いとぐち 糸口	(감았거나 헝클어진) 실의 끝 / 실마리, 단서

うえ き 植木	정원수 / 분재
うたた ね 転 寝	선잠

団扇 (うちわ)	(둥근) 부채	気掛かり (きがかり)	근심, 걱정
内輪 (うちわ)	집안 사람끼리임	気兼ね (きがね)	어렵게 여김
柄 (え)	자루, 손잡이	手遅れ (ておくれ)	(병의 치료나 사건 처리에서) 때늦음, 시기를 놓침
会得 (えとく)	터득	人質 (ひとじち)	인질
襟 (えり)	옷깃	姫 (ひめ)	귀인의 딸, 공주님 / (명사 앞에 붙여서) 작고 귀여움 〈접두어〉
縁側 (えんがわ)	툇마루		
大筋 (おおすじ)	대강의 줄거리	振り分け (ふりわけ)	배분, 분배, 나눔
お辞儀 (おじぎ)	머리 숙여 인사함	身代金 (みのしろきん)	인질의 몸값
檻 (おり)	(가축 등) 우리		

▎い형용사

危うい (あやうい)	위험하다	香ばしい (こうばしい)	구수하다, 향기롭다
荒っぽい (あらっぽい)	거칠다, 난폭하다, 사납다	すがすがしい	상쾌하다, 시원하고 개운하다
嫌らしい (いやらしい)	추잡하다, 징그럽다, 불쾌하다	紛らわしい (まぎらわしい)	헷갈리기 쉽다, 혼동하기 쉽다
恭しい (うやうやしい)	공손하다, 정중하다		

▎な형용사

浅はか (あさはか)	생각이 얕음, 어리석음	気さく (きさく)	싹싹함, 소탈함, 서글서글함
粋 (いき)	세련됨, 멋있음	窮屈 (きゅうくつ)	비좁음, 비좁아 갑갑함
疎か (おろそか)	소홀함	きらびやか	눈부시게 화려하고 아름다움
がむしゃら	앞뒤 생각 없이 무턱대고 함, 죽을둥살둥 함		

質素 (しっそ)	검소함	滑らか (なめ)	매끈매끈함 / 매끄러움, 막힘없음, 순조로움
しどろもどろ	횡설수설	入念 (にゅうねん)	공[정성]을 들임
ちんぷんかんぷん	횡설수설	念入り (ねんい)	정성[공]들여 함
台無し (だいな)	쓸모 없는 모양, 엉망이 된 모양, 아주 망가진 모양	朗らか (ほが)	명랑함 / 날씨가 쾌청함

부사 or 접속사

自ずから (おの)	저절로, 자연히	くるりと	빙, 빙글, 빙그르르 〈한 번 가볍게 도는 모습〉
自ら (みずか)	스스로	殊に (こと)	특히, 특별히
がくがく	(힘이 없거나 추위로) 바들바들, 오들오들	取り分け (とわ)	특히
がたがた	(무서움·추위로) 부들부들, 와들와들	強いて (し)	억지로, 굳이
かちかち	몹시 딱딱한 모양, 딱딱, 꽁꽁	とっさに	순간적으로, 즉시, 곧 〈주로 반사적인 동작에 사용〉
ぐるぐる	빙글빙글, 빙빙, 핑핑 〈같은 곳을 계속 도는 모습〉	無闇に (むやみ)	함부로, 무턱대고
		はらはら	조마조마

カタカナ

アトリエ	화실	ギプス	깁스
アフターサービス	애프터서비스	キャッチフレーズ	캐치프레이즈, 선전 문구
アレルギー	알레르기	ナプキン	냅킨
カーテンコール	커튼 콜	ノンフィクション	논픽션
ガードマン	경비원	フィクション	픽션, 허구

관용구

九死に一生を得る

구사 일생하다

こうと死して走狗にらる

《민첩한 토끼가 죽으면 사냥하던 개는 쓸 데가 없어 삶아 먹는다는 뜻》적이 망하면 공이 있는 사람도 버림을 받는다는 말, 토사구팽

匙を投げる

《약 조제용 스푼을 던져 버리다는 뜻》의사가 치료의 가망이 없다고 포기하다

仏の顔も三度

《온화한 부처님도 얼굴을 세 차례나 건드리면 노한다》아무리 착한 사람이라도 무례한 짓이 거듭되면 화를 낸다는 말

勝るとも劣らない

나으면 낫지 못하지 않다

身を固める

결혼하여 가정을 이루다

らちが明く

〈흔히 부정형으로 씀〉결말이 나다

問題1 _____の言葉の読み方として最もよいものを、1・2・3・4から一つ選びなさい。

1 武装グループは日本人2人を人質にとって、身代金を要求している。
_{みのしろきん}

　　1 ひとじち　　　　　　　　　2 じんしち

　　3 にんしつ　　　　　　　　　4 じんしつ

2 津波の被災者のことを思うと、早く復興が進むようにと願わずにはいられません。

　　1 ふっきょう　　　　　　　　2 ふっこう

　　3 ふくきょう　　　　　　　　4 ふくこう

3 ここは元々朝鮮時代の王族が住んでいた邸宅であった。

　　1 ていたく　　　　　　　　　2 かいたく

　　3 いたく　　　　　　　　　　4 ぜいたく

4 子供たちは、朗らかな笑顔をたたえていた。

　　1 おおらか　　　　　　　　　2 うららか

　　3 きよらか　　　　　　　　　4 ほがらか

5 基本的人権の擁護は、弁護士の使命です。

　　1 よご　　　　　　　　　　　2 おうご

　　3 ようご　　　　　　　　　　4 おご

6 浅はかにもセールスマンの口車に乗ってしまった。

1 せんはか

2 あさはか

3 ぜにはか

4 のこりはか

問題2 (　　　　　　　)に入れるのに最もよいものを、1・2・3・4から一つ選びなさい。

7 地方の若者たちが大都市に流れ込み、農村では(　　　　　)化が進んでいる。

1 過疎

2 過密

3 過酷

4 過剰

8 私の一番大事な物は、祖母の形見であるこの(　　　　　)鏡台だ。

1 小

2 姫

3 娘

4 美

9 私たちの遠足は異常な降雪で(　　　　　)になった。

1 ちんぷんかんぷん

2 しどろもどろ

3 でたらめ

4 台無し

10 年を取れば、(　　　　　)人生哲学も変わるものだ。

1 自ら

2 手ずから

3 自ずから

4 口ずから

11 富士山の麓は、うっそうと(　　　　　)茂っていて空が見えないぐらいだ。

1 生い

2 生え

3 生み

4 生け

12 君のような下っ端と話していても（　　　　　　）が明かないので、社長と直接話をさせてくれ。

    1 がっち　　　　　　　　　　　　2 らち

    3 ふち　　　　　　　　　　　　　4 さっち

13　観客たちは（　　　　　）しながら、サーカスの曲芸を見ていた。

    1 びくびく　　　　　　　　　　　2 がくがく

    3 はらはら　　　　　　　　　　　4 おどおど

問題3　_____の言葉に意味が最も近いものを、1・2・3・4から一つ選びなさい。

14 疲れていたので団子を食べながら<u>一服</u>した。

    1 暇つぶし　　　　　　　　　　　2 休養

    3 休暇　　　　　　　　　　　　　4 休憩

15 彼は立場や都合が悪くなると、うやむやな答えで話を<u>はぐらかした</u>。

    1 出しゃばった　　　　　　　　　2 茶化した

    3 区切った　　　　　　　　　　　4 躊躇った

16 息子は今年30歳で、もうそろそろ<u>身を固めても</u>いい年頃になった。

    1 結婚しても　　　　　　　　　　2 卒業しても

    3 独立しても　　　　　　　　　　4 昇進しても

17 政治的な関係の悪化で、観光産業への影響が<u>懸念</u>されている。

    1 気障　　　　　　　　　　　　　2 気兼ね

    3 気掛かり　　　　　　　　　　　4 気さく

18 飛行機のエコノミークラスの座席は窮屈で長時間座るのは大変だ。

1 手柄　　　　　　　　　　　　2 手ずから

3 手際　　　　　　　　　　　　4 手狭

19 この地域では四季を通して自然が楽しめる。殊に紅葉の季節には美しい景観を
見ることができる。

1 振り分け　　　　　　　　　　2 仕分け

3 取り分け　　　　　　　　　　4 見分け

問題4 次の言葉の使い方として最も適当なものを、1・2・3・4から一つ選びなさ
い。

20 とぼける

1 あまりにも広範囲なので、話し合う焦点がとぼけてしまう。

2 彼は都合が悪くなるとすぐに的外れで意味不明な言葉を吐いてとぼける。

3 この写真は、手ぶれでピントがとぼけてしまった。

4 近視の症状は、近くははっきり見えるが、遠くを見ると字や物がとぼけて見える。

21 怠慢

1 彼は度重なる職務怠慢、無断欠勤により懲戒解雇となった。

2 彼女は就職してから怠慢胃炎に悩まされているそうだ。

3 うちの社長は、自分の娘の怠慢話ばかりして周りから嫌われている。

4 伊東静雄は、日本怠慢派の代表的詩人である。

22 なめらか

1 この小川は、浅くて流れもなめらかなので、小さな子供でも安心して遊べる。

2 なめらかな坂道をリヤカーを引いているおばあさんがいたので手伝ってあげた。

3 彼は細かい事は気にしない、なめらかな性格の持ち主です。

4 彼女は小学生の頃アメリカに住んでいただけあって、英語がなめらかにスルスルと口から出てくる。

23 とっさに

1 病人の容態がとっさに悪化した。

2 脳神経外科医というのは、とっさにたりとも油断できない厳しい仕事です。

3 ボールが飛んできたので、とっさに身をかわした。

4 外が暗くなってきたと思ったら、とっさに雨が降り出した。

24 ぐるぐる

1 琵琶湖の周りをぐるぐると一周し、琵琶湖の絶景を楽しめる日帰りバスツアーに参加した。

2 山手線は環状線だから、丸い線路をぐるぐる回っている。

3 子猫たちは前足でジャガイモをぐるぐる転がして遊んでいた。

4 せっかくの3連休なのに大雨で家でぐるぐるしている。

25 無闇に

1 『ジュラシックパーク』という映画では、人間がむやみに恐竜の遺伝子を操作して、大変なことになる。

2 津波の被害でイチゴ畑がむやみになってしまった。

3 電車がグラッと揺れたむやみによろけて、座っていた人の足を踏んでしまった。

4 今夜、面白い映画が放送されるから、ぜひ見てください。むやみに２２時からです。

| PART 4 |

동사

暴れる	날뛰다
埋まる	묻히다
売り込む	(힘써 권하여) 물건을 팔다
襲う	습격하다, 덮치다
垣間見る	틈으로 살짝 (엿)보다
叶える	(꿈·소망 등을) 이루다, 이루어 주다
漕ぎ着ける	배를 저어 목적지에 닿게 하다 / 〈자동사적으로 써서〉 노력하여 어떤 목표에 이르다
摩る	쓰다듬다, 가볍게 문지르다
仕立てる	만들다, 특히 옷을 짓다
しのぐ	(날씨·굶주림 등을) 견디어 내다, 참아내다
忍ぶ	(모욕 따위를) 참다, 견디다
せき止める	(흐르는 물이나 사물의 기세 따위를) 막다
背く	등을 돌리다, 등지다 / 어기다, 위반하다 / 거역하다, 모반하다

背ける	(얼굴이나 눈길을) 돌리다
漬かる	(김치 등이) 익다, 맛이 들다
漬ける	(채소 등으로) 절임을 만들다
償う	변상하다, 배상하다
寝込む	깊이[푹] 잠들다 / (병으로) 몸져눕다
寝付く	잠들다 / (병으로) 몸져눕다
乗り出す	착수하다, 적극적으로 나서다
映える	(빛을 받아) 빛나다, 비치다 / 어울리다 / 돋보이다, 두드러지다
化かす	호리다
捗る	진척되다, 일이 잘 되어가다
励ます	격려하다
励む	힘쓰다, 노력하다
蔓延る	만연하다
踏み倒す	(대금·빛 등을) 떼어먹다

음독 명사

음독 명사		음독 명사	
井戸端会議 <small>いどばたかいぎ</small>	우물가에 모여서 하는 여자들의 쑥덕공론, 살림하는 틈틈이 모여서 하는 주부들의 잡담	温帯 <small>おんたい</small>	온대
運河 <small>うんが</small>	운하	戯曲 <small>ぎきょく</small>	희곡
運輸 <small>うんゆ</small>	운수	精進 <small>しょうじん</small>	정진, 한 가지 일에 열심히 노력함, 전념
英雄 <small>えいゆう</small>	영웅	蓄積 <small>ちくせき</small>	축적
閲覧 <small>えつらん</small>	열람	秩序 <small>ちつじょ</small>	질서
演習 <small>えんしゅう</small>	(예행) 연습 / 세미나	窒息 <small>ちっそく</small>	질식
煙突 <small>えんとつ</small>	굴뚝	中枢 <small>ちゅうすう</small>	중추
延命 <small>えんめい</small>	연명	陳列 <small>ちんれつ</small>	진열
恩恵 <small>おんけい</small>	은혜	網羅 <small>もうら</small>	망라

훈독 명사

훈독 명사		훈독 명사	
合図 <small>あいず</small>	신호, 사인	大通り <small>おおどお</small>	큰길, 대로
板 <small>いた</small>	판자, 널빤지	大空 <small>おおぞら</small>	(너른) 하늘
浮き彫り <small>うぼ</small>	뚜렷이 드러남	公 <small>おおやけ</small>	공공 / 국가, 정부, 관청
渦 <small>うず</small>	소용돌이	趣 <small>おもむき</small>	풍취, 아취, 멋
内訳 <small>うちわけ</small>	내역, 명세	親父 <small>おやじ</small>	아버지 〈성인 남자가 무관한 자리에서 자기 아버지를 일컫는 말〉
裏口 <small>うらぐち</small>	뒷문 / 뒷구멍, 부정, 비밀	織物 <small>おりもの</small>	직물
獲物 <small>えもの</small>	사냥감, 먹이		
尾 <small>お</small>	꼬리		

御中 (おんちゅう)	귀중 〈편지에서 상대편의 관청·단체·회사명 뒤에 붙이는 말〉
片時 (かたとき)	잠시, 잠깐 동안
玄人 (くろうと)	프로, 전문가
志 (こころざし)	뜻

老舗 (しにせ)	대대로 이어 온 전통·격식·신용이 있는 오래된 점포
名残 (なごり)	자취, 흔적 / 이별, 석별
間取り図 (まどり ず)	방 배치도
行き違い (ゆ ちが)	엇갈림
指折り (ゆびお)	손꼽음

い형용사

味気ない (あじ け)	재미없다, 따분하다, 무미건조하다
荒々しい (あらあら)	난폭하다
著しい (いちじる)	현저하다
初々しい (ういうい)	풋풋하다, 앳되고 숫접다, 싱싱하고 순진하다
うっとうしい	(기분·날씨 등이) 울적하다, 찌무룩하다 / 번거롭다, 거추장스럽다

押し付けがましい (お つ)	강요하는 듯하다
しぶとい	끈질기다
慎ましい (つつ)	조심스럽다, 얌전하다, 조신하다
照れくさい (て)	멋쩍다, 겸연쩍다, 쑥스럽다

な형용사

肝心 (かんじん)	중요함
堪能 (たんのう)	뛰어남
恐縮 (きょうしゅく)	죄송[황송]하게 여김
軽薄 (けいはく)	경박함
細やか (ささ)	자그마함, 아담함, 조촐함 / 사소함, 변변찮음, 하찮음

迅速 (じんそく)	신속함
円ら (つぶ)	동그람, 동그랗고 귀여움
俄か (にわ)	갑작스러운 모양, 별안간, 돌연
頻繁 (ひんぱん)	빈번함
ぺちゃんこ	(눌러서) 납작해짐, 납작함

膨大 ぼうだい	방대함	仄か ほの	아련함, 희미함, 어렴풋함

부사 or 접속사

一概に いちがい	〈흔히 부정의 말이 따름〉 통틀어, 몰아서, 일률적으로, 무조건, 한마디로
かろうじて	간신히, 가까스로
さっぱり	개운한 모양, 산뜻이, 시원히 / (맛이) 담백한 모양 / 남김없이, 깨끗이, 말끔히 / 〈부정어가 따름〉 전혀, 도무지
さらさら	막힘없이 나아가는 모양, 술술, 졸졸 / (바람이) 살랑살랑
じめじめ	불쾌하도록 습기나 수분이 많은 모양, 구질구질, 축축이

そわそわ	안절부절못하는 모양, 안절부절
到底 とうてい	도저히
突如 とつじょ	돌연, 갑자기
ひっそり	쥐죽은 듯이, 조용히
ぶるぶる	부들부들, 벌벌, 덜덜
ふわふわ	둥실둥실 / 푹신푹신
まんざら	반드시 (~인 것은 아니다)
見す見す み み	눈앞에 보고서도, 빤히 알면서

カタカナ

ガードレール	가드레일	パニック	패닉
カプセル	캡슐	ハンディキャップ	핸디캡
キャリア	커리어, 경력	ホームシック	향수병
スムーズ	스무드, 원활함	ホームレス	홈리스
ノイローゼ	노이로제	モットー	모토, 표어, 좌우명
ノミネート	노미네이트, (후보자로) 추천함	リカバリールーム	회복실

관용구

海老で鯛を釣る

《새우로 도미를 낚는다》
약간의 노력으로 많은 이익
을 얻음

濡れ手で粟 《젖은 손으로 좁쌀 쥐기》
쉽게 많은 이익을 얻음

鯖を読む 수를 실제보다 많거나 적게
속이다

水入らず (남이 끼지 않고) 집안 식구
끼리임

水を得た魚のように

《물고기가 물을 만난 듯이》
자유롭게 왕성하게 활동하
는 모양

寝耳に水 잠귀에 물이 들어감, 불의
의 사건으로 놀람의 비유,
아닌 밤에 홍두깨

ばつが悪い 겸연쩍다

問題1 ＿＿＿＿の言葉の読み方として最もよいものを、1・2・3・4から一つ選びなさい。

1 彼は念願の夢を<u>叶え</u>、新たな道を歩み出した。

    1 そなえ   2 かなえ

    3 なえ   4 となえ

2 ライオンは、鋭い目付きで<u>獲物</u>を狙って、じっとその獲物の様子を見続けていた。

    1 えもの   2 えもつ

    3 かくぶつ   4 かくもつ

3 <u>閲覧</u>室の利用時間は午前9時から午後5時までです。

    1 だつかん   2 えつかん

    3 だつらん   4 えつらん

4 災害時には<u>迅速</u>な対応が求められる。

    1 ざっそく   2 しんそく

    3 じんそく   4 さっそく

5 この辺りは木々の隙間から海を<u>垣間見</u>ることのできる、眺望の素晴らしい場所です。

    1 かきまみる   2 かいまみる

    3 かきあいだみる   4 かいあいだみる

6 この老舗は、今も昔ながらの独自の製法と味を頑固に守り続けている。

1 ふけほ 　　　　　　　　　　　　2 しにせ

3 おいほ 　　　　　　　　　　　　4 ろうほ

問題2 (　　　　　　)に入れるのに最もよいものを、1・2・3・4から一つ選びなさい。

7 部屋の本当の広さは(　　　　　　)図だけでは分からない。

1 気取り 　　　　　　　　　　　　2 乗っ取り

3 手取り 　　　　　　　　　　　　4 間取り

8 政治家の息子の(　　　　　　)入学が発覚して大問題になったことがある。

1 裏口 　　　　　　　　　　　　　2 表口

3 非常口 　　　　　　　　　　　　4 陰口

9 彼女は結婚式の日を(　　　　　　)数えて待っていた。

1 指相撲 　　　　　　　　　　　　2 指尺

3 指折り 　　　　　　　　　　　　4 指差し

10 警察は容疑者を目の前で(　　　　　　)取り逃がした。

1 みせみセ 　　　　　　　　　　　2 みすみす

3 みるみる 　　　　　　　　　　　4 みえみえ

11 彼はほぼ1カ月間、瀕死（ひんし）状態で(　　　　　　)込んでいた。

1 掻き 　　　　　　　　　　　　　2 眠り

3 寝 　　　　　　　　　　　　　　4 煮

12 ( )紫外線を浴びるとニキビができやすくなるとは言えないようです。

　　1 一斉に　　　　　　　　　　　　　2 一途に

　　3 一遍に　　　　　　　　　　　　　4 一概に

13 久しぶりに親子( )の旅を満喫しました。

　　1 水入らず　　　　　　　　　　　　2 水を得た魚のよう

　　3 水と油　　　　　　　　　　　　　4 寝耳に水

問題3 _____ の言葉に意味が最も近いものを、1・2・3・4から一つ選びなさい。

14 サルたちは、気温の低い時期は団子のように寄り集まり寒さを<u>しのぐ</u>。

　　1 炙る　　　　　　　　　　　　　　2 吹き飛ぶ

　　3 和らぐ　　　　　　　　　　　　　4 耐える

15 公園は祭りが終わると物音も消え<u>ひっそり</u>となった。

　　1 うっとりと　　　　　　　　　　　2 ほっそりと

　　3 しいんと　　　　　　　　　　　　4 ぱっと

16 物事は最初が<u>肝心</u>だとよく言われている。

　　1 半ば　　　　　　　　　　　　　　2 肝要

　　3 用心　　　　　　　　　　　　　　4 緊張

17 良い事は覚えておいて悪い事は<u>さっぱり</u>忘れましょう。

　　1 あっさり　　　　　　　　　　　　2 やんわり

　　3 ひょっこり　　　　　　　　　　　4 ちょっぴり

18 彼は頬を赤く染めて照れくさそうにうつむいた。

1 気難しく   2 誇らしげに

3 ばつが悪そうに   4 面倒くさそうに

19 危うく引っかけるところであったが、私の車の方がやや早く、かろうじて難を逃れた。

1 なにとぞ   2 なんとなく

3 なにもかも   4 なんとか

問題4 次の言葉の使い方として最も適当なものを、1・2・3・4から一つ選びなさい。

20 井戸端会議

1 見聞の狭いことを「井戸端会議大海を知らず」と言う。

2 今年の忘年会は井戸端会議でやることにした。

3 今日予定されていた井戸端会議は、社長の都合でドタキャンになった。

4 おばさんたちがマンションの廊下で井戸端会議をしている。

21 捗る

1 風邪のせいか、仕事が一向に捗らない。

2 声を限りに叫んだが、観客の歓声にかき消されて、よく捗れなかったようだ。

3 夕日に赤く捗られた空がとても美しい。

4 健康のために最も大切なことは、バランスの捗れた食事をすることだと思います。

22 踏み倒す

1 貴乃花の踏み倒し技は素晴らしかった。

2 アンケート調査結果を踏み倒して、企画の見直しをします。

3 借家人は家賃を踏み倒して夜逃げをした。

4 電車がぐらっと揺れた弾みに、座っていた人の足を踏み倒してしまった。

23 浮き彫り

1 子供の頃、泳げなかった私は浮き彫りを持って家族でプールに行ったものだ。

2 総務省の「国勢調査」を見ると、少子化に歯止めがかかっていない現状が、改めて浮き彫りとなった。

3 お祭りで子供たちは浮き彫りしている。

4 飲食業界は、景気や流行の影響が大きく、浮き彫りが激しいと言われる。

24 名残

1 警察官を名残する男から「あなたの口座番号が漏れているので、、」という詐欺電話があった。

2 卒業はめでたいのですが、お別れはやっぱり名残ものですね。

3 企業がサービス名残を強いることは、労働基準法に違反する行為である。

4 小江戸と呼ばれる川越には、まだ江戸時代の名残が残っている。

25 ささやか

1 プロジェクトを終えた彼らはささやかな宴会を開いた。

2 風薫るささやかな新緑の季節を迎えました。

3 「他の人には内緒だよ」と、彼女は私の耳元でささやかだった。

4 授業中にささやかと私語をしていたら、先生は「静かにしろ」と言わんばかりに大目玉で私たちを睨みつけた。

| PART 5 |

동사

あつらえる	맞추다, 주문하다
甘_{あま}んじる	감수하다, 달게 받다
憤_{いきどお}る	분개하다, 노하다
重_{おも}んじる	소중히 하다, 중히 여기다
犯_{おか}す	(법률·도덕·규칙 등을) 범하다, 어기다
侵_{おか}す	(타국·타인의 토지를) 침범하다 / (남의 권리·권한을) 침해하다
冒_{おか}す	(위험을) 무릅쓰다 / 병에 걸리게 하다
築_{きず}く	쌓다
妨_{さまた}げる	방해하다
すっぽかす	(해야 할 일 등을) 팽개쳐 두다, 제쳐 놓다 / (약속을) 어기다
せびる	(금품을 달라고) 조르다, 강요하다
そそる	돋우다, 자아내다

溜_ためる	한곳에 모아두다 / (일·지불할 돈 등을) 미루어 두다, 쌓아 두다
募_{つの}る	심해지다 / 모집하다
連_{つら}なる	나란히 늘어서 있다
捏_{でっ}ち上_あげる	날조하다, 꾸며 내다, 조작하다
這_はう	기다, 기어가다
ひらめく	(순간적으로) 번쩍이다 / (생각 등이) 번쩍 떠오르다
更_ふかす	밤 늦도록 자지 않다
ぶり返_{かえ}す	(병이) 도지다, (좋아지기 시작하던 것이) 다시 나빠지다
群_むれる	떼를 짓다
恵_{めぐ}む	은혜[사랑]을 베풀다 / (가엾이 여겨) 금품을 주다
委_{ゆだ}ねる	맡기다, 위임하다
横_{よこ}たわる	눕다

装う <small>よそお</small>	치장하다, 차려 입다 / 가장하다, 체하다	煩う <small>わずら</small>	번민하다, 괴로워하다
湧く <small>わ</small>	솟다, 분출하다 / 생겨나다		

음독 명사

斡旋 <small>あっせん</small>	알선, 주선	楽譜 <small>がく ふ</small>	악보
因縁 <small>いんねん</small>	인연 / 시비, 트집	家畜 <small>か ちく</small>	가축
衛生 <small>えいせい</small>	위생	合唱 <small>がっしょう</small>	합창
衛星 <small>えいせい</small>	위성	眼球 <small>がんきゅう</small>	안구
縁起 <small>えん ぎ</small>	길흉의 조짐, 운수, 재수	頑固 <small>がん こ</small>	완고
外貨 <small>がい か</small>	외화	勧告 <small>かんこく</small>	권고
階級 <small>かいきゅう</small>	계급	干渉 <small>かんしょう</small>	간섭
海峡 <small>かいきょう</small>	해협	勘弁 <small>かんべん</small>	용서함
解釈 <small>かいしゃく</small>	해석	官僚 <small>かんりょう</small>	관료
解除 <small>かいじょ</small>	해제	緩和 <small>かん わ</small>	완화
開拓 <small>かいたく</small>	개척	拒否 <small>きょ ひ</small>	거부
街道 <small>かいどう</small>	간선 도로	孤児 <small>こ じ</small>	고아
海抜 <small>かいばつ</small>	해발	走馬灯 <small>そう ま とう</small>	주마등
回覧 <small>かいらん</small>	회람	提灯 <small>ちょうちん</small>	제등, 초롱
概略 <small>がいりゃく</small>	개략	匹敵 <small>ひってき</small>	필적, 맞먹음
架空 <small>か くう</small>	가공	拍子 <small>ひょう し</small>	박자 / 〈「～した拍子に」의 꼴로〉～한 순간에, ～한 바 람에, ～한 결에
拡散 <small>かくさん</small>	확산		
獲得 <small>かくとく</small>	획득		

微塵 (みじん)	아주 자잘한 먼지, 티끌 / 〈뒤에 부정어가 따름〉 아주 조금, 추호

훈독명사

天下り (あまくだ)	낙하산 인사	釜 (かま)	가마솥
憤り (いきどお)	분노, 노여움	粥 (かゆ)	죽
大目玉 (おおめだま)	부릅뜬 눈, 왕방울 눈 / (심한) 꾸중, 야단	瓦 (かわら)	기와
貝殻 (かいがら)	조개껍질	瀬戸際 (せとぎわ)	고비, 운명의 갈림길
殻 (から)	껍질, 껍데기	月並み (つきな)	평범함, 진부함, 흔해 빠짐
書留 (かきとめ)	등기 우편	戸締まり (とじ)	문단속
駆け足 (かあし)	구보	土手 (どて)	둑, 제방
舵 (かじ)	(배의 방향을 조절하는) 키	雪崩 (なだれ)	눈사태
貸間 (かしま)	셋방	捏造 (ねつぞう)	날조
箇条書き (かじょうが)	조목별[조항별]로 씀	夜更かし (よふ)	밤 늦게까지 좀을 안 잠

い형용사

忌々しい (いまいま)	분하다, 화가 나다	心細い (こころぼそ)	불안하다
雄雄しい (おお)	사내답다, 씩씩하다	凄まじい (すさ)	굉장하다, 엄청나다, 어마어 마하다 / 무시무시하다
堅苦しい (かたくる)	(격식에 치우쳐) 거북스럽 다, 딱딱하다	馴れ馴れしい (なな)	(너무나 친하게 굴어) 무례 하다, 무람없다, 친한 척하다
屈託ない (くったく)	환하고 명랑하다	目まぐるしい (め)	(움직임이 빨라서) 눈이 어지럽다
心強い (こころづよ)	마음 든든하다		

な형용사

あらわ	노골적임
陰気 (いんき)	음침함
(お)あつらえ向き (む)	안성맞춤
横柄 (おうへい)	건방짐, 거만함
臆病 (おくびょう)	겁이 많음, 겁쟁이
格好 (かっこう)	모양, 모습 〈명〉 / 알맞음, 적당함 〈な〉
劇的 (げきてき)	극적임
繊細 (せんさい)	섬세함
中途半端 (ちゅうとはんぱ)	어중간함
のろま	아둔함, 미련함, 얼간이
莫大 (ばくだい)	막대함
遥か (はるか)	(거리·시간이) 멀리 떨어져 있음, 아득함

부사 or 접속사

危うく (あや)	하마터면
幾分 (いくぶん)	얼마간, 조금, 약간
潔く (いさぎよ)	깨끗이, 미련 없이
依然として (いぜん)	여전히
且つ (か)	한편, 또, 게다가
がらり	어떤 상태가 급변하는 모양, 홱, 싹
くよくよ	끙끙
げっそり	갑자기 살이 빠져 바싹 여위는 모양, 홀쭉
若干 (じゃっかん)	약간, 다소
すやすや	편안히 자는 모양, 새근새근
断じて (だん)	단연코, 기필코, 반드시
ちびちび	홀짝홀짝, 찔끔찔끔
何分 (なにぶん)	부디, 아무쪼록, 제발
びしょびしょ	흠뻑 젖은 모양, 흠뻑

カタカナ

アンカー	앵커	フィルター	필터
インターン	인턴, 실습생	プライバシー	프라이버시
オーダーメード	오더 메이드, 주문제작	フレーム	(frame) 프레임, 테, 틀
キャンプファイア	캠프파이어	ホイッスル	휘슬
グルメ	미식가		
チャイルドシート	차일드 시트, (자동차의) 유아용 안전 의자		

관용구

縁起を担ぐ	길흉을 따지다, 미신적인 데가 있다	腹の虫が治まらない	화가 나서 견딜 수 없다
大目玉を食う	심한 꾸중을 듣다	虫の居所が悪い	기분이 언짢다
机上の空論	탁상공론, 실현성이 없는 헛된 이론	腸が腐る	정신이 썩다, 심성이 타락하다
鼻に掛ける	내세우다, 자랑하다		

問題1 _____の言葉の読み方として最もよいものを、1・2・3・4から一つ選びなさい。

1 うちの祖父は、戦争で両親と妹を亡くした戦争孤児だったそうです。

　　1 ごじ　　　　　　　　　　　2 こじ

　　3 ごに　　　　　　　　　　　4 こに

2 津軽（つがる）海峡には、青森と函館をつなぐ世界最長の鉄道トンネルである「青函トンネル」がある。

　　1 うみきょ　　　　　　　　　2 かいきょ

　　3 かいきょう　　　　　　　　4 うみきょう

3 炎天下の砂浜を裸足で歩くと、水虫が治るということを耳にしたことがある。

　　1 らそく　　　　　　　　　　2 はだし

　　3 はだか　　　　　　　　　　4 はだかあし

4 先日の大型台風で自宅の瓦が飛んで、隣家（りんか）に損害を与えてしまった。

　　1 わら　　　　　　　　　　　2 きわら

　　3 たわら　　　　　　　　　　4 かわら

5 暗くなるにつれて恐怖心が募った。

　　1 つのった　　　　　　　　　2 したった

　　3 つもった　　　　　　　　　4 くれった

6 そのジャーナリストは命の危険を<u>冒して</u>まで現地取材に行った。

    1 こらして   2 さらして

    3 おかして   4 けなして

問題2（   ）に入れるのに最もよいものを、1・2・3・4から一つ選びなさい。

7 父が大事にしている花瓶を割ってしまい、大（   ）を食った。

    1 目尻   2 目玉

    3 目眩   4 目頭

8 満開の桜の下を歩いていたら、日本での留学生活が（   ）のように浮かんできました。

    1 走馬灯   2 提灯

    3 行灯   4 蛍光灯

9 今度のプロジェクトは、論理だけの（   ）の空論で終わらせることなく、着実に実行に移したい。

    1 卓上   2 机

    3 机上   4 円卓

10 高校野球ではよく「テキにカツ」とか言って、（   ）をかついでトンカツやステーキを食べる。

    1 勝利   2 勝運

    3 吉凶   4 縁起

11 最近、退職した高級官僚を民間企業の幹部に再就職を斡旋した(　　　　)が問題になっている。

1　天下り　　　　　　　　　　　　　2　腹下り

3　天の川下り　　　　　　　　　　　4　落下傘

12 歯列矯正を始めてから、頬が(　　　　)と痩けてしまった。

1　ぎっくり　　　　　　　　　　　　2　げっそり

3　こっくり　　　　　　　　　　　　4　ごくりと

13 佐藤さんは、首が太くてワイシャツのサイズが合わないので、ネットで(　　　　)メード注文をしているそうだ。

1　ノーマル　　　　　　　　　　　　2　レシピ

3　オーダー　　　　　　　　　　　　4　トータル

問題3　＿＿＿＿の言葉に意味が最も近いものを、1・2・3・4から一つ選びなさい。

14 サイレンを鳴らしている救急車の進路を故意に<u>妨害する</u>と罪になる。

1　つんざく　　　　　　　　　　　　2　よこぎる

3　ぶりかえす　　　　　　　　　　　4　さまたげる

15 この卑劣なテロに対しては強い<u>いきどおり</u>を覚える。

1　いかり　　　　　　　　　　　　　2　むさぼり

3　のろい　　　　　　　　　　　　　4　さげすみ

16 ストーカーで捕まった犯人は<u>みじん</u>も反省していない。

1　ほとんど　　　　　　　　　　　　2　ちっとも

3　たいして　　　　　　　　　　　　4　なおさら

17 彼女は、自分が有名デザイナーの娘だということをいつも鼻にかけている。

1 隠蔽して

2 広告して

3 自慢して

4 隠匿して

18 月並みな表現ではあるが、人生はしばしば旅に喩えられる。

1 そぐわない

2 斬新奇抜な

3 芸術的な

4 陳腐な

19 視聴率が物語るように、スターとしての木村拓哉は依然として健在であった。

1 ぬきんでて

2 だんトツ

3 むろん

4 あいかわらず

問題4 次の言葉の使い方として最も適当なものを、1・2・3・4から一つ選びなさい。

20 匹敵

1 彼女の料理の腕前はプロにも匹敵するほどだ。

2 その分野で彼に匹敵な者は無い。

3 メッシが活躍している今のFCバルセロナは天下匹敵に近い。

4 韓国と北朝鮮は異なる政治体制や理念的な葛藤により匹敵関係にある。

21 拍子

1 無原則な温室効果ガスの排出が地球温暖化に拍子をかけた。

2 バスが急ブレーキをかけた拍子に、立っていた乗客たちは前へ将棋倒しになった。

3 観客たちは完封勝ちを収めたピッチャーに対して、割れるような拍子を送った。

4 この歌は高い拍子がないので、誰でも気楽に歌うことができる曲です。

22 夜更かし

1 締め切りに間に合わせるために、私は夜更かし働いた。

2 学生時代は、漫画やスマホゲームに夢中になって夜更かしをしていた。

3 レポートの締め切りが明日の朝なので、今日は夜更かしするしかない。

4 懇親会では学校当時の思い出に花を咲かせ夜更かしまで語り合った。

23 斡旋する

1 最大限の努力をもって、この企画を成功に斡旋するつもりです。

2 やっぱりスポーツは斡旋するのを見るのが面白い。

3 私は、親友が斡旋してくれた学生時代の友達と結婚しました。

4 来月から人材派遣会社が斡旋してくれたところで働くことになった。

24 ちびちび

1 帰宅して気付いたんですが、左右の靴下がちびちびでした。

2 ほとんどの赤ちゃんが1歳6カ月までにはちびちび歩きができるようになる。

3 仕事帰りに街角のベンチで、缶コーヒーをちびちび飲みながら、色々考え込んでいた。

4 カラーリングの繰り返しや夏の紫外線によるダメージなどで髪の毛がちびちびに傷んでしまった。

25 因縁

1 街中でチンピラに因縁をつけられて警察を呼んだ。

2 私は、因縁を担いでいつも左足から靴下を履き、左足から階段を上ることにしている。

3 このたび、娘の因縁が調い、結婚することになりました。

4 日本サッカーは、韓国という因縁のライバルがいたからこそ発展することができた。

| PART 6 |

동사

あえぐ	헐떡이다, 숨차하다
追い込む	(가축 등을) 몰아넣다 / (곤경에) 빠뜨리다, 몰아붙이다
けなす	헐뜯다, 비방하다
ごった返す	들끓다, 몹시 붐비다
裂く	찢다
割く	할애하다
裁く	재판하다
澄ます	맑게 하다 / 차분하게 주의를 집중하다
せがむ	조르다
備え付ける	비치하다
慎む	조심하다 / 삼가다
倹しい	검소하다
摘む	따다, 뜯다
研ぐ	(날붙이 등을) 갈다 / 윤을 내다 / (곡식을) 씻다
遂げる	이루다, 달성하다
成し遂げる	이룩하다, 달성하다, 완수하다, 성취하다
取り寄せる	주문해서 가져오게 하다
化ける	둔갑하다
歯(=刃)向かう	(이를 드러내거나 칼을 가지고 대든다는 뜻에서) 맞서다, 대항하다
引ったくる	날치기하다
見せ付ける	보란 듯이 자랑스레 보이다
見せびらかす	자랑삼아 남에게 보이다, 과시하다
見損なう	잘못 보다 / 못보고 놓치다
盛り合わせる	한 그릇에 여러 음식을 함께 담다
和らげる	누그러뜨리다, 완화하다
過る	앞을 가로지르다, 지나가다 〈5〉
寄せる	가까이[옆에] 대다 / (편지 등을) 보내다
蘇る	소생하다, 되살아나다 〈5〉

음독 명사

遠方 えんぽう	먼곳	還元 かんげん	환원
改革 かいかく	개혁	岩石 がんせき	암석
怪獣 かいじゅう	괴수	慣行 かんこう	관행, 그 전부터 관례가 되어 행함
階層 かいそう	계층	貫禄 かんろく	관록
街頭 がいとう	가두, 길거리	漢和 かんわ	중국과 일본
概念 がいねん	개념	忌避 きひ	기피
解剖 かいぼう	해부	嫉妬 しっと	질투, 시샘
概要 がいよう	개요	懲戒 ちょうかい	징계
覚悟 かくご	각오	追及 ついきゅう	(범인·행방) 추적 / (죄·책임) 추궁
隔週 かくしゅう	격주	同盟 どうめい	동맹
革命 かくめい	혁명	動揺 どうよう	동요, 흔들림
箇所 かしょ	개소, 곳, 군데	童謡 どうよう	동요, 어린이들을 위한 노래
花壇 かだん	화단	土俵 どひょう	씨름판
画期 かっき	획기	土俵入り どひょういり	씨름꾼이 씨름판에서 하는 의식
括弧 かっこ	괄호	沸騰 ふっとう	비등, (액체가) 끓어오름
合致 がっち	합치	融通 ゆうずう	융통(성)
貨幣 かへい	화폐		
玩具 がんぐ	완구		

훈독 명사

足跡 あしあと	발자국	稲光 いなびかり	번개

瓜二つ うりふた	(세로로 두 쪽을 낸 참외 처럼) 아주 꼭 닮음	手引き て び	인도, 길잡이, 안내 / 입문서, 안내서
卸屋 おろし や	도매상	問屋 とん や	도매상
垣根 かき ね	울타리	沼 ぬま	늪
貸し出し か だ	대출	まつげ	속눈썹
鐘 かね	종	眉 まゆ	겉눈썹
剃刀 かみそり	면도칼	源 みなもと	물이 흘러나오는 근원, 수원 / 근원, 기원
仮免許 かりめんきょ	임시면허	最寄り も よ	(그곳에서) 가장 가까움, 근처
冠 かんむり	관	闇 やみ	어둠
姑 しゅうとめ	시어머니		

い형용사

厳しい いかめ	위엄이 있다, 위압적인 느낌이 들다	慎ましい つつ	조심스럽다, 조신하다, 얌전하다 / 검소하다
輝かしい かがや	빛나다, 훌륭하다	根強い ね づよ	뿌리깊다, 탄탄하다
くすぐったい	간지럽다	粘り強い ねば づよ	끈질기다, 끈덕지다
たどたどしい	(동작·말투 등이) 불안하다, 어설프다	根深い ね ぶか	뿌리깊다, 내력이 깊다
だるい	나른하다, 노곤하다		

な형용사

おざなり	무성의함, 건성임	健気 け な げ	기특함, 장함
簡潔 かんけつ	간결함	厳格 げんかく	엄격함

手頃 てごろ	적당함, 적합함
乗り気 のりき	마음이 내킴, 내키는 마음
薄弱 はくじゃく	박약함
不可欠 ふかけつ	불가결함

間抜け まぬ	얼간이 같은 짓을 함, 또는 그런 사람, 멍청이
やたら	(앞뒤 생각하지 않고) 무턱대고 함, 마구 함, 함부로 함
陽気 ようき	명랑함

부사 or 접속사

あわや	하마터면
いささか	조금, 약간, 다소
嫌嫌(ながら) いやいや	마지못해
しぶしぶ	마지못해
うんざり	지긋지긋하게, 진절머리나게, 몹시 싫증나게
ぎっしり	빈틈없이 차 있는 모양, 가득, 빽빽이
何かと なに	이것저것, 여러 모로
にやにや	우스웠던 일 등을 회상하며 히죽거리는 모양, 히죽히죽

ぴんぴん	건강하여 원기가 넘치는 모양, 팔팔, 정정
べたべた	끈적끈적
ほかほか	따끈따끈
ぽかぽか	따스하게 느껴지는 모양, 포근포근
ぼやぼや	멍하니 있는 모양, 멍하니
ぼんやり	얼빠진 모양, 멍청히 / 희미한 모양, 어렴풋이, 아련히

カタカナ

ガレージ	개라지, 차고
ゴージャス	호화스러운 모양
ストロー	스트로

タイムリー	타임리, 타이밍이 좋은 모양, 적시임, 시의[시기] 적절함
スラックス	슬랙스, 평상복 바지

フォロー	원조, 지원	リーズナブル	리즈너블, 합리적임
ヘビースモーカー	헤비 스모커	リコール	리콜
ランドセル	란도셀, (초등학교 학생용의) 메는 가방		

관용구

揚げ足を取る	말꼬리를 잡고 늘어지다	焼き餅を焼く	질투하다
朝飯前	(식전에 해치울 수 있을 만큼) 아주 쉬움, 식은죽 먹기, 누워서 떡 먹기	横車を押す	억지를 쓰다
鵜呑みにする	《가마우지가 물고기를 삼키듯》 (뜻도 모르면서) 그대로 받아들이다	横槍を入れる	곁에서 말참견하다
猫の首に鈴を付ける	《(쥐가) 고양이 목에 방울을 달다》할 수 없는 일을 비유 / 약자가 강자에게 대항함을 이르는 말		

問題1 _____ の言葉の読み方として最もよいものを、1・2・3・4から一つ選びなさい。

1 カップ焼きそばの作り方は、沸騰したお湯を注いで数分間待ってから湯切りして最後にソースを入れる。

    1 ふっとう   2 ふっしょう

    3 ひしょう   4 ひとう

2 姑と嫁との関係を、「犬猿の仲」に喩えるのは、もう昔の話です。

    1 よめ   2 おば

    3 そぼ   4 しゅうとめ

3 日本を訪れた外国人たちは、「日本人ってサービスは良いけど、融通が利かないね」と、よく言うらしい。

    1 ゆづう   2 ゆずう

    3 ゆうずう   4 ゆうづう

4 公の場における自分勝手な若者の振る舞いに、みんな眉をひそめた。

    1 まつげ   2 まゆ

    3 ひげ   4 みけん

5 人が人を客観的に裁くということは、大変難しい問題だと思います。

    1 くじく   2 あがく

    3 しりぞく   4 さばく

6 耳を澄まして虫の音を聴いていたら、幼い頃の思い出が浮かんできた。

    1 すまして   2 はげまして

    3 なやまして   4 からまして

問題2 (　　　　　　　　)に入れるのに最もよいものを、1・2・3・4から一つ選びなさい。

7 彼は勤務中に自分の不注意で事故を起こし、(　　　　　　)解雇処分を受けた。

    1 徴戒   2 懲戒

    3 徴械   4 懲械

8 力士が(　　　　　　)入りするとき、塩をまくのはその神聖な場所を清めるためだそうです。

    1 土漂   2 土票

    3 土俵   4 土表

9 私と姉は顔も性格も似ていて(　　　　　　)だとよく言われている。

    1 瓜二つ   2 二重

    3 朝飯前   4 団栗の背比べ

10 病気ではないけれど、なんだか体が(　　　　　　)何もやる気が起きない。

    1 ごつくて   2 むごくて

    3 だるくて   4 たくましくて

11 落とし物をした時や、落とし物を拾った時は(　　　　　)の交番に届けてください。

    1　最期　　　　　　　　　　　　　　2　最早

    3　最中　　　　　　　　　　　　　　4　最寄り

12 筆記試験には合格したが、ボーダーライン(　　　　　)だったので面接が不安です。

    1　きびきび　　　　　　　　　　　　2　ぎりぎり

    3　たじたじ　　　　　　　　　　　　4　だくだく

13 免許取り立ての初心者ドライバーなので狭い(　　　　　)に駐車するのが大変です。

    1　フォロー　　　　　　　　　　　　2　ゴージャス

    3　ガレージ　　　　　　　　　　　　4　スラックス

問題3 ＿＿＿＿の言葉に意味が最も近いものを、1・2・3・4から一つ選びなさい。

14 うちの兄は、問屋から安く仕入れた衣類をネットで販売する仕事をしている。

    1　卸屋　　　　　　　　　　　　　　2　古物屋

    3　八百屋　　　　　　　　　　　　　4　質屋

15 人間関係がある限り、嫉妬は付き物だと思います。

    1　焼き栗　　　　　　　　　　　　　2　焼き物

    3　焼きいも　　　　　　　　　　　　4　焼き餅

16 お金持ちの中には、どんなに収入があっても見栄を張らずにつつましい生活を送っている人もいます。

    1　いやしい　　　　　　　　　　　　2　つましい

    3　みみっちい　　　　　　　　　　　4　ゆゆしい

17 この寿司屋では、リーズナブルな価格で旨いお寿司と地酒〔じざけ〕が楽しめる。

1 廉価な   2 破格な

3 手頃な   4 特別な

18 彼はただ見せびらかすだけのために、外車を購入したそうだ。

1 自慢する   2 展示する

3 自足する   4 見せる

19 両親の家で同居することを妻はしぶしぶ承知してくれた。

1 さばさば   2 とぼとぼ

3 てくてく   4 いやいや

問題4 次の言葉の使い方として最も適当なものを、1・2・3・4から一つ選びなさい。

20 手引き

1 警察はその謎めいた事件を解決する手引きを見つけた。

2 警察はその犯罪は、内部から手引きをした者がいると断定した。

3 木村選手は今シーズンを限りに手引きするそうだ。

4 この本には、新規事業を成功に手引きための知恵やノウハウが満載です。

21 追及

1 原因を科学的に追及する。

2 企業経営の目的は、「利潤を追及することである」と言われている。

3 取り調べで余罪を追及された男は、とうとう容疑を認めたそうだ。

4 大切なのは真理を追及する姿勢を貫くことです。

22 にやにや

1 授業中、旅行した時のことを思い出して独りでにやにや笑っていたら、先生に「何してるんだ」と注意されてしまった。

2 私の顔を見て、学生たちはにやにや笑った。

3 人目をはばからず大声でにやにや笑うと下品だと言われる。

4 「笑う門には福来る」は、にやにや笑っている人の家には幸福が自然にやってくるという意味です。

23 ごった返す

1 道を間違えて途中でごった返してきた。

2 従来の定説をごった返すような新事実に遭遇した。

3 彼は無理をして治りかかった病気がごった返したそうだ。

4 バカンスシーズンなので、空港は多くの旅行者でごった返していた。

24 うんざり

1 昨日も一昨日もこってり系の晩御飯だったから、今日はうんざりした和食にしよう。

2 給料も上がらないし、休みも少ないし、この会社にはもううんざりだ。

3 情緒あふれる旋律にはうんざりと目を閉じて聞き入ってしまう。

4 うんざりして大事な物を電車の中に置き忘れた。

25 タイムリー

1 SNSを利用することで情報提供者はいつでもタイムリーに新しい情報を発信できる。

2 最近、高橋選手はバッティングのタイムリーが合わなくて、なかなかヒットが出ない。

3 日本にはパートタイムリーで仕事をしている人が多い。

4 香川選手が先制ゴールを決めたが、ロスタイムリーに同点ゴールを決められて引き分けに終わってしまった。

PART 7

동사

あがる	얼다, 상기하다
褪せる	(빛깔이) 바래다, 퇴색하다
労る	(노고를) 위로하다
労う	(노고를) 위로하다
うずくまる	웅크리다, 쪼그리고 앉다
拝む	배례하다, 두 손 모아 빌다
寛ぐ	편히 쉬다
企てる	(좋지 않은 일) 꾀하다, 기도하다, 획책하다
企む	(좋지 않은 일) 꾸미다, 기도하다, 획책하다
障る	지장을 초래하다, 해가 되다
茂る	무성해지다, 우거지다 〈5〉
蓄える	비축하다, 저축하다
誓う	맹세하다, 서약하다

貫く	꿰뚫다, 관통하다 / 관철하다, 일관하다
吊るす	매달다
照れる	쑥스러워하다, 수줍어하다
浸る	(물·액체에) 잠기다 / (비유적으로) 빠지다, 잠기다
奮う	용기를 내다
凹む	움푹 들어가다, 꺼지다, 우그러들다 / 굴복하다, 꺾이다
へりくだる	겸양하다, 상대를 높이고 자기를 낮추다
漏らす	새게 하다 / (비밀 등을) 누설하다
よろめく	비틀거리다
割り込む	끼어들다, 새치기하다 / 말참견하다

음독 명사

介護 (かいご)	간호, 병구완 〈집이나 시설에서 신체적으로 도움이 필요한 사람들을 보살피는 비의료행위를 말함〉
介抱 (かいほう)	간호, 병구완 / 돌봄, 보호 〈초보자나 일반인들이 다친 사람이나 상태가 안 좋은 사람을 보살펴주는 것을 말함〉
看護 (かんご)	간호 〈의료행위로서 다친 사람이나 병든 사람을 돌봐주는 것을 말함〉
議案 (ぎあん)	의안
喜劇 (きげき)	희극
技師 (ぎし)	기사, 엔지니어
議事堂 (ぎじどう)	의사당
犠牲 (ぎせい)	희생
寄贈 (きぞう)	기증
偽造 (ぎぞう)	위조
議題 (ぎだい)	의제
軌道 (きどう)	궤도
起伏 (きふく)	기복
脚本 (きゃくほん)	각본
救済 (きゅうさい)	구제
驚異 (きょうい)	경이

凶作 (きょうさく)	흉작
脅迫 (きょうはく)	협박
郷里 (きょうり)	향리, 고향
巨匠 (きょしょう)	거장, 대가
均衡 (きんこう)	균형
屈折 (くっせつ)	굴절
警戒 (けいかい)	경계
敬具 (けいぐ)	경구, 〈편지 끝의 인사말〉
掲載 (けいさい)	게재
軽蔑 (けいべつ)	경멸
劇団 (げきだん)	극단
結晶 (けっしょう)	결정
月賦 (げっぷ)	월부
下痢 (げり)	설사
栽培 (さいばい)	재배
撤去 (てっきょ)	철거
描写 (びょうしゃ)	묘사
辟易 (へきえき)	몹시 성가시어 손을 듦, 질림
無造作 (むぞうさ)	손쉽게 하는 모양, 어렵지 않은 모양, 아무렇게나 하는 모양
目下 (もっか)	지금, 현재

훈독 명사

欠伸 あくび	하품
渦巻き うずま	소용돌이
狩 かり	사냥
兆し きざ	조짐, 징조
霧 きり	안개
杭 くい	말뚝
茎 くき	줄기
屑 くず	부스러기, 쓰레기
獣 けもの	짐승

筒 つつ	통, 속이 비고 긴 관
歯軋り はぎし	이를 갊
花弁 はなびら	꽃잎
控え室 ひか しつ	대기실
雛 ひな	(깃털이 있는) 새끼
町並み まち な	거리에 집이나 상점이 즐비하게 늘어선 모양, 또는 그곳, 거리
やぶ	덤불, 대숲 / 돌팔이(의사)

い형용사

あくどい	지독하다, 악랄하다 / (색깔이나 맛 따위가) 야하다, 짙다
あっけない	어이없다, 싱겁다, 맥없다
快い こころよ	기분 좋다, 상쾌하다 / 기분 좋다, 유쾌하다, 즐겁다
騒がしい さわ	시끄럽다, 소란스럽다, 떠들썩하다

空々しい そらぞら	속이 빤히 보이다
逞しい たくま	다부지다, 억세다
生ぬるい なま	미지근하다 / 미온적이다, 엄하지 않다
粘っこい ねば	진득진득하다, 끈끈하다, 차지다
みみっちい	쩨쩨하다, 인색하다

な형용사

内気 うち き	내성적

有頂天 う ちょうてん	기뻐서 어찌 할 줄 모름

軽はずみ (かる)	경솔함	月並み (つき な)	평범함, 진부함
華麗 (か れい)	화려함	場違い (ば ちが)	그 자리에 어울리지 않음
謙虚 (けんきょ)	겸허함	密か (ひそ)	은밀함, 몰래 하는 모양
相応 (そうおう)	상응함, 알맞음, 어울림	腕白 (わんぱく)	개구쟁이임, 장난꾸러기임
大胆 (だいたん)	대담함		

부사 or 접속사

いそいそ	부랴부랴, 서둘러서	少なからず (すく)	적잖이, 많이, 크게, 매우
一挙に (いっきょ)	일거에, 단번에	つくづく	곰곰이, 골똘히 / 뚫어지게, 지그시 / 절실히, 아주, 정말
うずうず	어떤 일을 하고 싶어서 좀이 쑤시는 모양, 근질근질		
仮に (かり)	가령, 만일	ふらふら	휘청휘청, 비틀비틀 / 머리가 도는 모양, 빙빙
くまなく	구석구석까지, 샅샅이	やけに	무척, 몹시
じっくり	시간을 들여 꼼꼼하게 하는 모양, 곰곰이, 차분하게	願わくは (ねが)	바라건대, 원컨대

カタカナ

アイドル	아이돌	シャンデリア	샹들리에, 장식용 전등
インフルエンザ	인플루엔자, 독감	スペースシャトル	우주왕복선
ウエスト	허리	バスルーム	욕실
カテゴリー	카테고리, 범주	プランクトン	플랑크톤
キャラクター	캐릭터	ローカル	로컬, 지방적, 국지적

관용구

青田買い〔あおたがい〕 기업이 인재 확보를 위해 졸업 예정의 학생과 입사 계약을 맺는 일, 입도선매

青菜に塩〔あおなにしお〕 《푸성귀에 소금》풀이 죽음, 기운이 꺾임

青雲の志〔せいうんのこころざし〕 청운의 뜻, 입신출세하려는 꿈

赤子の手を捻る〔あかごのてをひねる〕 《아기 팔을 비틀 듯》 아주 쉬운 일의 비유, 누워 떡 먹기

黒白を争う〔こくびゃくをあらそう〕 흑백을 가리다, 시비를 가리다

隣の芝生は青い〔となりのしばふはあおい〕 《이웃집 잔디는 푸르다》 남의 떡이 커 보인다

やぶをつついて蛇を出す〔へびをだす〕 긁어 부스럼, 자는 범 코침 주기

問題1 _____ の言葉の読み方として最もよいものを、1・2・3・4から一つ選びなさい。

1 卒業証書や賞状などは、丸めて<u>筒</u>の中に保管するのがおすすめです。

　　1 つつ　　　　　　　　　　　2 づつ

　　3 とう　　　　　　　　　　　4 どう

2 昔ながらの<u>渦巻き</u>蚊取り線香の人気が高いのは、値段が手頃で屋外でも使いやすいためだ。

　　1 かまき　　　　　　　　　　2 うずまき

　　3 なべまき　　　　　　　　　4 あやまちまき

3 大麻を自宅の庭などで<u>栽培</u>すると「大麻取締法違反」で逮捕されます。

　　1 ざいばい　　　　　　　　　2 ざいぼう

　　3 さいぼう　　　　　　　　　4 さいばい

4 小説の文章は「情景<u>描写</u>」と「心理描写」で構成されている。

　　1 びょうしゃ　　　　　　　　2 びょしゃ

　　3 ひょうしゃ　　　　　　　　4 ひょしゃ

5 親に結婚を反対された二人は、神の前で永遠の愛を<u>誓って</u>指輪を交換した。

　　1 ちがって　　　　　　　　　2 じがって

　　3 ちかって　　　　　　　　　4 じかって

6 過去の思い出に<u>浸る</u>より、自分の未来に対し前向きに生きることが重要だ。

1 たたる 　　　　　　　　　　　　2 ひたる

3 かたる 　　　　　　　　　　　　4 いたる

問題2 (　　　　)に入れるのに最もよいものを、1・2・3・4から一つ選びなさい。

7 屋根裏部屋を(　　　　)捜したが、スキー板を見つけることはできなかった。

1 ごつく 　　　　　　　　　　　　2 たくましく

3 やんわりと 　　　　　　　　　　4 くまなく

8 神戸には昔外国人居留地があったことから、今でも異国情緒漂う(　　　)が
広がっている。

1 町並み 　　　　　　　　　　　　2 足並み

3 人並み 　　　　　　　　　　　　4 月並み

9 お客さんは店員からもらった千円札を(　　　)造作にポケットに突っ込んだ。

1 非 　　　　　　　　　　　　　　2 無

3 不 　　　　　　　　　　　　　　4 未

10 優勝候補だった読売ジャイアンツは日本シリーズで(　　　)敗れてしまった。

1 おっかなく 　　　　　　　　　　2 そっけなく

3 あっけなく 　　　　　　　　　　4 さりげなく

11 最近、急に立ち上がると頭が(　　　)する。

1 ふかふか 　　　　　　　　　　　2 ぶらぶら

3 ふわふわ 　　　　　　　　　　　4 ふらふら

12 余計なことをしてこんな始末になった。「(　　　　　)をつついて蛇を出す」という形になったな。

1　やぶ　　　　　　　　　　　　2　あきす

3　ほらあな　　　　　　　　　　4　くさむら

13 この橋は老朽化が原因で、(　　　　　)されることになった。

1　撤廃　　　　　　　　　　　　2　撤去

3　徹去　　　　　　　　　　　　4　徹廃

問題3　_____の言葉に意味が最も近いものを、1・2・3・4から一つ選びなさい。

14 激務をこなした社員たちをいたわった。

1　なぐさめた　　　　　　　　　2　まつわった

3　ねぎらった　　　　　　　　　4　たずさわった

15 企業秘密や個人情報など、会社には外部に漏らしてはいけない多くの情報がある。

1　暴露しては　　　　　　　　　2　伝達しては

3　披露しては　　　　　　　　　4　口外しては

16 警察は目下その事故の原因について調査中ではあるが、解決の見通しは立っていない。

1　ただ今　　　　　　　　　　　2　直ちに

3　迅速に　　　　　　　　　　　4　取り分け

17 あまりにもお金を出し渋るとみみっちいと言われるよ。

   1 あさましい   2 けちくさい

   3 あくどい   4 うっとうしい

18 P国の高位幹部はクーデターをくわだてた罪で死刑判決を言い渡され、直ちに執行された。

   1 くふうした   2 こころみた

   3 たくらんだ   4 おこした

19 彼は星空をつくづく眺めながら、しばらく何事か考え込んでいた。

   1 がつがつ   2 じっくり

   3 ごつごつ   4 こつこつ

問題4 次の言葉の使い方として最も適当なものを、1・2・3・4から一つ選びなさい。

20 介抱

   1 香織さんは旅行中に具合が悪くなった私を介抱してくれた。

   2 福祉を専攻している木村君は、週に2回障害者施設に行って介抱のバイトをしているそうだ。

   3 最近、足首を捻挫してしまい、鍼介抱を受けている。

   4 姉は東京大学病院の外科で介抱婦として働いている。

21 有頂天

   1 私たちはついに富士山の有頂天へ辿り着いた。

   2 合格発表で自分の受験番号を見た瞬間は、有頂天にも昇るような気持ちだった。

   3 政府に対する国民の不満は有頂天に達している。

   4 彼は司法試験に合格して有頂天になっている。

22 場違い

1 最終面接で会場場所を場違い、面接を受けられませんでした。

2 たまにその場の空気が読めず、場違いな発言をしてしまったりする。

3 私のとんだ場違いにより、業務に支障を来してしまった。

4 回転率が若干悪いけど、味は場違いなく最高です。

23 やけに

1 うちの息子は自分の思い通りにいかないと、すぐやけになるから心配です。

2 配達予定日はやけに過ぎました。

3 今日はやけに機嫌が良いみたいですね。

4 殆どの人が、当たる確率を上げる努力もせずに、やけに宝くじを買うから当たらないのだ
そうです。

24 辟易
へきえき

1 新年を迎えると、辟易さんに新年の運勢を占ってもらう人が多い。

2 久々に彼に会ったら、自慢話ばかり聞かされて辟易した。

3 この港は海外との辟易が盛んになるにつれ、世界各国の物が集まる経済港となった。

4 連日猛暑ですが、夏辟易しないようにお気をつけください。

25 仮に

1 仮にこの健康食品を摂取しても十分な効果が期待できない場合もあります。

2 本を仮に行ったついでにクリーニング屋に寄ってきてくれる？

3 今週末は穏やかな天気になりそうだから、紅葉仮にでも出かけよう。

4 明日は田舎に稲仮に行くことになっている。

| PART 8 |

동사

うずく	쑤시다, 욱신거리다
奪う	빼앗다 / (마음·눈 등을) 사로잡다, 끌다
興す	(국가·산업 등을) 일으키다, 흥하게 하다
押し付ける	밀어붙이다 / (일·책임 등을 억지로) 떠맡기다
押しのける	밀어 제치다, 밀어내다
脅かす	(구체적) 위협하다, 협박하다 / 깜짝 놀라게 하다
脅かす	(추상적) 위협하다
覆す	뒤집다, 뒤엎다 / 전복시키다
寂れる	(번창하던 곳이) 쇠퇴하다, 쓸쓸해지다, 한적해지다
さらけ出す	속속들이 드러내다, 죄다 털어놓다, 완전히 내보이다
染みる	스며들다, 번지다, 배다
廃れる	유행하지 않게 되다, 한물 가다 / 쇠퇴하다
立ち直る	회복되다
ちらつく	(눈앞에) 어른거리다, 아른거리다 / (조금씩) 흩날리다
釣る	낚다, 잡다 / 꾀다
吊る	매달다 〈타〉 / 쥐가 나다 〈자〉
手掛ける	손수 다루다, 직접 하다
照る	(해·달 등이) 비치다
覗く	엿보다, 들여다보다 / 잠깐 들르다
乗っ取る	(비행기·배 등의 탈것을) 납치하다
踏み切る	결단을 내리다, 단행하다
ほころびる	(실밥이) 터지다, 풀리다
滅びる	멸망하다

음독 명사

会釈 (えしゃく)	(머리를 살짝 숙이는) 가벼운 인사
貨幣 (かへい)	화폐
器官 (きかん)	(생리) 기관
帰郷 (ききょう)	귀향
棄権 (きけん)	기권
規範 (きはん)	규범
脚色 (きゃくしょく)	각색
究極 (きゅうきょく)	궁극
給食 (きゅうしょく)	급식
宮殿 (きゅうでん)	궁전
窮乏 (きゅうぼう)	궁핍
郷愁 (きょうしゅう)	향수, 고향을 그리는 마음
極端 (きょくたん)	극단
拒絶 (きょぜつ)	거절
疑惑 (ぎわく)	의혹
近郊 (きんこう)	근교
吟味 (ぎんみ)	음미
空腹 (くうふく)	공복
軍艦 (ぐんかん)	군함
経緯 (けいい)	경위

敬遠 (けいえん)	경원
傾斜 (けいしゃ)	경사
刑罰 (けいばつ)	형벌
激励 (げきれい)	격려
結核 (けっかく)	결핵
欠陥 (けっかん)	결함
欠如 (けつじょ)	결여
権威 (けんい)	권위
兼業 (けんぎょう)	겸업
元首 (げんしゅ)	(국가의) 원수
原書 (げんしょ)	원서, 원본
懸賞 (けんしょう)	현상, 상금이나 상품을 내거는 일
原則 (げんそく)	원칙
健闘 (けんとう)	건투
原爆 (げんばく)	원폭
樹立 (じゅりつ)	수립
忍耐 (にんたい)	인내
廃棄 (はいき)	폐기
賠償 (ばいしょう)	배상
氾濫 (はんらん)	범람

侮辱 (ぶじょく)	모욕	赴任 (ふにん)	부임
武装 (ぶそう)	무장	憤慨 (ふんがい)	분개

훈독 명사

顎 (あご)	턱	蔵 (くら)	(곡식 이외의) 창고, 곳간
値 (あたい)	값, 가격 / 가치, 값어치 / (数)수치, 수량, 값	太鼓判 (たいこばん)	큰 도장 / 확실한 보증
餌 (えさ)	모이, 먹이	魂 (たましい)	정신, 영혼
片言 (かたこと)	서투른 말씨	翼 (つばさ)	(큰 새·항공기의) 날개
鎖 (くさり)	쇠사슬	蜂蜜 (はちみつ)	벌꿀
櫛 (くし)	빗	初詣 (はつもうで)	새해 들어 처음으로 참배함
倉 (くら)	(곡식의) 창고	火花 (ひばな)	불똥, 불티

い형용사

疎い (うと)	(사이가) 소원하다, 친하지 않다 / 잘 모르다, 사정에 어둡다	儚い (はかな)	허무하다, 덧없다
渋い (しぶ)	(맛이) 떫다 / (표정) 떨떠름하다 / 인색하다, 쩨쩨하다	待ち遠しい (まちどお)	몹시 기다려지다
		眩い (まばゆ)	눈부시다 / (눈부실 정도로) 아름답다
酸っぱい (す)	시다	醜い (みにく)	추하다, 보기 흉하다 / 못생기다
そそっかしい	경솔하고 조심성이 없다, 덜렁대다	床しい (ゆか)	기품[정취]가 있다

な 형용사

うやむや	흐지부지함, 애매함, 모호함
過酷(かこく)	과혹, 지나치게 가혹함
寛大(かんだい)	관대함
盛ん(さか)	왕성함, 번성함, 번창함, 유행함
太っ腹(ふとばら)	배짱[도량]이 큼
疎ら(まばら)	(사이가) 뜸, 성김, 드문드문함
稀(まれ)	드묾
耳障り(みみざわ)	귀에 거슬림
耳寄り(みみよ)	귀가 솔깃함
緩やか(ゆる)	(경사가) 완만함 / (흐름이) 느릿함

부사 or 접속사

予め(あらかじ)	미리, 사전에
かさかさ	바스락바스락 / 까칠까칠, 까슬까슬
ぎゅうぎゅう	세게 죄거나 꽉 채우거나 하는 모양, 꽉꽉, 꾹꾹
くしゃくしゃ	꼬깃꼬깃, 구깃구깃
ずるずる	질질
ちやほや	응석을 받아주거나 추켜세우는 모양
ちょろちょろ	물이 조금씩 흐르는 모양, 졸졸 / 조르르, 졸랑졸랑
ちらちら	조금씩 되풀이해서 보는 모양, 힐끔힐끔, 슬쩍슬쩍 / 작은 것이 흩날리는 모양, 팔랑팔랑, 나풀나풀
つるつる	표면이 매끈한 모양, 매끈매끈, 반들반들 / 잘 미끄러지는 모양, 주르르, 미끈미끈
ぶかぶか	헐렁헐렁
ふさふさ	탐스럽게 많이 늘어져 있는 모양, 치렁치렁
ぼさぼさ	머리가 흐트러진 채로 두는 모양, 부스스
ややもすると	자칫하면 (＝ともすると)

カタカナ

アピール	어필
キオスク	매점
コネ	커넥션, 연줄
ジレンマ	딜레마
デジタル	디지털
テーマパーク	테마파크

ハイジャック	하이잭, (항공기나 선박의) 납치
フランチャイズ	프랜차이즈
ミネラルウォーター	미네랄 워터
リフォーム	리폼

관용구

青は藍より出でて藍より青し	청출어람
顎を出す	몹시 지치다, 기진맥진하다
顎を撫でる	턱을 쓰다듬다, 일이 뜻대로 되어 만족해 하다
顎が干上がる	생계가 몹시 어려워지다

舌鼓を打つ	입맛을 다시다
太鼓判を押す	(절대 틀림없음을) 보증하다
腹を割る	본심을 털어놓다

問題1 _____ の言葉の読み方として最もよいものを、1・2・3・4から一つ選びなさい。

1 人工知能については、人類を脅かす可能性も指摘されている。

1 おびやかす 　　　　　　　　　2 おどかす

3 おどろかす 　　　　　　　　　4 ひやかす

2 日本の小学生が縄跳びでギネス世界記録を樹立した。

1 きりつ 　　　　　　　　　　　2 きだち

3 じゅりつ 　　　　　　　　　　4 じゅだち

3 自由の女神像が踏んでいる鎖は奴隷制度の廃止を意味している。

1 ゆかり 　　　　　　　　　　　2 くさり

3 たかり 　　　　　　　　　　　4 はかり

4 金が絡んだがゆえの、血で血を洗うような、醜い争いはしたくないものだ。

1 おにい 　　　　　　　　　　　2 にくい

3 にくらしい 　　　　　　　　　4 みにくい

5 今度発掘された化石は、「人間の起源はアフリカである」という定説を覆す可能性がある。

1 くつがえす 　　　　　　　　　2 ひっくりかえす

3 うらがえす 　　　　　　　　　4 ひるがえす

6 雨宿りも兼ねて、量販店のボードゲームコーナーを<u>覗いて</u>きました。

1 うつむいて　　　　　　　　　　2 あざむいて

3 のぞいて　　　　　　　　　　　4 しりぞいて

問題2 (　　　　　　)に入れるのに最もよいものを、1・2・3・4から一つ選びなさい。

7 最近ビタミンCを摂取したら、殻を剥いたゆで卵のように肌が(　　　　　)になった。

1 つるつる　　　　　　　　　　　2 ぶつぶつ

3 かさかさ　　　　　　　　　　　4 ざらざら

8 スポーツジャーナリストは大谷投手の大リーグでの活躍に(　　　　　)を押した。

1 小判　　　　　　　　　　　　　2 判子

3 印鑑　　　　　　　　　　　　　4 太鼓判

9 本日は女性の皆様に(　　　　　)寄りな情報をお届けいたします。

1 眉　　　　　　　　　　　　　　2 耳

3 唇　　　　　　　　　　　　　　4 瞳

10 哲学など、人間の思考を説く学問は(　　　　　)抽象的になりがちである。

1 ことによると　　　　　　　　　2 もしかすると

3 ややもすると　　　　　　　　　4 ひょっとすると

11 エジプト航空の旅客機がハイジャック犯により(　　　　　)。

1 横取りされた　　　　　　　　　2 乗っ取られた

3 奪い取られた　　　　　　　　　4 搾り取られた

12 買った時は足のサイズにぴったりだった靴が、履いているうちにだんだんと伸びて

きて(　　　　　)になっている。

    1　ぶくぶく　　　　　　　　　　　　2　ふかふか

    3　ふかぶか　　　　　　　　　　　　4　ぶかぶか

13 上司にガンガン怒られた日、家に帰っても怒鳴る上司の顔が(　　　　　)食欲も湧

かず、家族の声も上の空だった。

    1　ちらついて　　　　　　　　　　　2　ちらかして

    3　ちらして　　　　　　　　　　　　4　ちりばめて

問題3 ＿＿＿＿＿＿の言葉に意味が最も近いものを、1・2・3・4から一つ選びなさ

い。

14 階段を降りる途中で2階に住む人に会ったので軽く<u>会釈</u>を交わした。

    1　会話　　　　　　　　　　　　　　2　座談

    3　挨拶　　　　　　　　　　　　　　4　懇談

15 インフレとは、モノの値段が全体的に上がり、<u>貨幣</u>の価値が下がることです。

    1　不動産　　　　　　　　　　　　　2　お金

    3　手形　　　　　　　　　　　　　　4　為替レート

16 何事も<u>腹を割って</u>話してくれる人でないと頼りにならない。

    1　そらして　　　　　　　　　　　　2　まぎらして

    3　ちゃかして　　　　　　　　　　　4　さらけだして

17 人家や人通りが<u>まばらな</u>郊外ならいざ知らず、こんな都会のど真ん中にタヌキが棲んでいるなんて。

1 ちらばら 　　　　　　　　　　2 びっしり

3 引っ切りなし 　　　　　　　　4 しきり

18 公の場での若者の身勝手な振る舞いに<u>憤慨</u>している。

1 しかとして 　　　　　　　　　2 あざけって

3 ぎゃくじょうして 　　　　　　4 あきれて

19 弁護士といってもそれぞれ得意分野があり、専門以外の分野には<u>うとい</u>ものです。

1 むとんちゃくな 　　　　　　　2 くらい

3 おろそかな 　　　　　　　　　4 むごい

問題4 次の言葉の使い方として最も適当なものを、1・2・3・4から一つ選びなさい。

20 懸賞

1 緯度0度の赤道では、様々な不思議な<u>懸賞</u>が見られる。

2 パンフレットをご覧になってのご<u>懸賞</u>はいかがでしょうか。

3 日本には<u>懸賞</u>に値する魅力的な夜景が多数存在する。

4 葉書を送ったら<u>懸賞</u>に当たって10万円相当の自転車が届いた。

21 過酷

1 看護師の仕事は<u>過酷</u>な勤務環境のため体力的にも精神的にも非常にハードな仕事です。

2 イスラミックステート(IS)は、斬首（ざんしゅ）、火あぶりなど<u>過酷</u>極まりない処刑を繰り返してきた。

3 その登山隊は<u>過酷</u>と戦いながらエベレスト登頂に成功した。

4 関東地方では、前線の影響で活発な雨雲が流れ込み、<u>過酷</u>な雨の恐れがあります。

22 床しい

1 ラジオから流れてくる男性芸能人の床しい声に、思わず聞きほれてしまう。

2 この露天風呂からは床しい海の絶景が見られ、多くの人を魅了している。

3 大都会大阪の真ん中に、古式床しい建物があります。

4 人は私のことを楽しい人、床しい人だと思っている。

23 廃れる

1 最近、海外プロジェクトの件で気を使ってすっかり廃れてしまった。

2 「冬のソナタ」を切っ掛けに始まった、日本での韓流ブームは廃れてしまった。

3 「もう飼えない」「飽きた」という飼い主の都合で膨大な量のペットが廃れている。

4 廃れた地方都市の商店街を活性化させる方法として何があるだろう。

24 予め

1 テレビのコマーシャルにもよく出ているので、予めご存知の方も多いと思いますが。

2 あれから予め10年の年月が過ぎた。

3 効果があるかどうかは別にして、予め使ってみてください。

4 身分証明書を所持されていない方は、申請できない場合がございますので、予めご了承
   ください。

25 ちやほや

1 一括返済する余裕がなくて、毎月ちやほや借金を返済している。

2 蛇口から水がちやほや出ていてしっかり閉めておいた。

3 周りからちやほやされて育った子供は、我がままになりやすい。

4 子供が部屋をちやほや歩き回っている。

| PART 9 |

동사

押し切る _お_き	(무리·반대를) 무릅쓰다, 강행하다
煽てる _{おだ}	치켜세우다, 치살리다 / 부추기다, 선동하다
さらう	채다, 날치기하다 / 독차지하다, 휩쓸다
強いる _し	강요하다, 억지로 시키다
慕う _{した}	그리워하다, 사모하다 / 우러르다, 존경하다
退く _{しりぞ}	뒤쪽으로 가다, 물러가다 / 퇴직하다, 물러나다
退ける _{しりぞ}	물리치다 / (어떤 지위를) 그만두게 하다
据える _す	설치하다, 고정시키다 / (어떤 장소·지위에) 앉히다, 모시다
尊ぶ＝尊ぶ _{とうと}_{たっと}	존중하다, 존경하다, 공경하다
嫁ぐ _{とつ}	시집가다
滞る _{とどこお}	(일·집세 등이) 밀리다 / (교섭·유통 등이) 정체되 다, 막히다

弔う _{とむら}	조문하다
なぞらえる	비교하다, 견주다 / 본뜨다, 모방하다
煮詰まる _{に つ}	(음식이) 바짝 졸아들다 / (토의의 결과) 의견이 좁혀 지다
ねだる	조르다, 보채다
ばら蒔く _ま	흩뿌리다, 여기저기 뿌리다 / (돈·명함·전단 등을) 뿌리다, 마구 나누어 주다
ほどける	(매놓은 것) 풀리다 / (마음·긴장) 풀리다
惚れる _ほ	반하다 / (ます형에 붙어) 넋을 잃고 ～하다
己惚れる _{うぬ ぼ}	자만하다
聞きほれる _{き ほ}	넋을 잃고 듣다
見惚れる _{み ほ}	넋을 잃고 보다, 홀딱 반하다
報いる _{むく}	보답하다
揉める _も	옥신각신하다, 다투다

음독 명사

威力 (いりょく)	위력	採決 (さいけつ)	채결
合掌 (がっしょう)	합장	採算 (さいさん)	채산, 타산
語彙 (ごい)	어휘	採択 (さいたく)	채택
硬貨 (こうか)	경화, 동전	細胞 (さいぼう)	세포
鉱業 (こうぎょう)	광업	差額 (さがく)	차액
興行 (こうぎょう)	흥행	錯誤 (さくご)	착오
口述 (こうじゅつ)	구술, 말로 이야기함	座標 (ざひょう)	좌표
香辛料 (こうしんりょう)	향신료	産休 (さんきゅう)	출산휴가
功績 (こうせき)	공적	山頂 (さんちょう)	산꼭대기
構想 (こうそう)	구상	賛美 (さんび)	찬미
抗争 (こうそう)	항쟁	譲渡 (じょうと)	양도
拘束 (こうそく)	구속	出納 (すいとう)	출납
購買 (こうばい)	구매	変遷 (へんせん)	변천
降伏 (こうふく)	항복	報酬 (ほうしゅう)	보수
護衛 (ごえい)	호위	膨張 (ぼうちょう)	팽창
誤差 (ごさ)	오차	冒頭 (ぼうとう)	모두, 첫머리
碁盤 (ごばん)	바둑판	捕虜 (ほりょ)	포로
紺 (こん)	감색	埋蔵 (まいぞう)	매장
細菌 (さいきん)	세균	麻痺 (まひ)	마비

훈독 명사

跡継ぎ (あとつぎ)	후계자
小売 (こうり)	소매
心得 (こころえ)	소양 / 수칙
事柄 (ことがら)	사항
言伝 (ことづて)	전언
杯 (さかずき)	잔
錆 (さび)	녹
寒気 (さむけ)	오한, (병적으로) 오슬오슬 추운 증세
たしなみ	소양, 취미, 기호, 평소에 닦아 쌓은 교양이나 기술

建前 (たてまえ)	(표면상의) 방침, 원칙
根回し (ねまわし)	(교섭·회의 등의 원활한 타결을 위한) 사전 공작
歩合 (ぶあい)	보합, 비율, 능률
穂 (ほ)	이삭
幹 (みき)	줄기 / 주요 부분, 기간
溝 (みぞ)	도랑 / (좁고 긴) 홈 / (감정의) 골
婿 (むこ)	사위

い형용사

いとけない	천진난만하다 / 철없다
初々しい (ういうい)	순진하다, 앳되다
神々しい (こうごう)	숭고하다, 거룩하고 성스럽다
素気ない (すげ)	쌀쌀하다, 매정하다
図太い (ずぶと)	넉살 좋다

歯痒い (はがゆ)	(뜻대로 되지 않아) 답답하다
はしたない	상스럽다
脆い (もろ)	부서지기 쉽다, 깨지기 쉽다, 약하다 / (정·눈물에) 약하다, 여리다
由々しい (ゆゆ)	중대하다, 예삿일이 아니다

な형용사

空ろ うつ	텅 빔 / 멍청함, 얼빠짐
円滑 えんかつ	원활함
婉曲 えんきょく	완곡함, (말이나 행동을) 빙 돌려서 함
質素 しっそ	검소함
疎遠 そえん	소원함
素朴 そぼく	소박함
柔和 にゅうわ	유화, 온유함, 부드럽고 온화함
ばたばた	허둥지둥
不気味 ぶきみ	어쩐지 무서움 [섬뜩함]
無頓着 むとんちゃく	무관심함, 개의치 않음
行き当たりばったり ゆ あ	(아무 계획도 없이) 되어가 는 대로 함, 무계획적임, 주먹구구식임

부사 or 접속사

恐らく おそ	아마, 틀림없이
自ずと おの	저절로
がたんと	단단한 물건이 넘어지거나 떨어져 나는 소리, 쿵, 꽝, 덜커덩
がやがや	시끄럽게 떠드는 모양, 시끌시끌, 와글와글
ぐったり	녹초가 됨, 축 늘어짐
こりごり	지긋지긋함, 넌더리 남
精一杯 せいいっぱい	힘껏, 한껏, 고작
それとなく	넌지시, 슬며시
どっしり	무거운 모양, 묵직이 / 침착 하고 묵직한 모양, 듬직이
根掘り葉掘り ねほ はほ	하나에서 열까지, 꼬치꼬치, 미주알고주알
へとへと	기진맥진한 모양

カタカナ

アプローチ	(학습·연구의 대상에) 접근함, 또는 그 접근법
アリバイ	알리바이, 현장 부재 증명
インテリア	인테리어
オリエンテーション	오리엔테이션
カウンセリング	카운셀링
カリキュラム	커리큘럼
ギャップ	(생각·감정 등의) 간격, 갭
ディスカウント	디스카운트, 할인
ボイコット	보이콧, 불매운동
ワンルーム	원룸

관용구

羹に懲りて膾を吹く
《뜨거운 국에 데어 찬 회를 후후 분다》 자라 보고 놀란 가슴 소댕 보고 놀란다

石の上にも三年
《차가운 돌에도 3년간 앉아 있으면 따스해진다》 비록 어렵더라도 참고 견디면 반드시 성공함의 비유

焼け石に水
《뜨겁게 달구어진 돌에 약간의 물은 뿌려 보아야 금세 증발해 버린다》 언 발에 오줌 누기

鴨にする
봉으로 삼다, 자신의 이익을 위해 남을 이용하다

弘法にも筆の誤り
아무리 재주가 뛰어난 사람도 실수가 있음의 비유

長蛇の列を成す
장사진을 이루다

へそで茶を沸かす
(너무 우스워서) 배꼽을 쥐다[빼다]

問題1 _____の言葉の読み方として最もよいものを、1・2・3・4から一つ選びなさい。

1 日本列島はこれまで幾多の<u>変遷</u>を経て現在の姿になっている。

　　1 へんせん　　　　　　　　　　2 へんかん

　　3 へんたい　　　　　　　　　　4 へんしん

2 現金、有価証券、物品の<u>出納</u>保管などの仕事は出納係が担当しています。

　　1 しゅつのう　　　　　　　　　2 すいとう

　　3 すいなん　　　　　　　　　　4 しゅつな

3 気体に熱を加えると、気体は<u>膨張</u>するものだ。

　　1 ほうちょう　　　　　　　　　2 ほうちょ

　　3 ぼうちょう　　　　　　　　　4 ぼうちょ

4 娘を<u>嫁</u>がせる親の気持ちは嬉しいに違いないが、反面、寂しくもあるだろう。

　　1 かせがせる　　　　　　　　　2 かがせる

　　3 とつがせる　　　　　　　　　4 とがせる

5 故郷を離れて、都会の生活で挫折を体験し、故郷を<u>慕</u>う人も大勢います。

　　1 したう　　　　　　　　　　　2 さらう

　　3 とむらう　　　　　　　　　　4 おそう

6 彼は常に柔和な笑顔を絶やさない温厚な人柄で多くの人に好かれている。

1 じゅうわ　　　　　　　　　　　2 じゅわ

3 にゅうわ　　　　　　　　　　　4 にゅわ

問題2（　　　　　）に入れるのに最もよいものを、1・2・3・4から一つ選びなさい。

7 その歌手は、「音楽著作権を娘に（　　　　　）する」という遺言を残した。

1 譲歩　　　　　　　　　　　　　2 分譲

3 譲渡　　　　　　　　　　　　　4 醸渡

8 彼の演奏が始まると誰もがうっとりとその美しい音色に聞き（　　　　　）しまった。

1 慣れて　　　　　　　　　　　　2 損なって

3 流して　　　　　　　　　　　　4 惚れて

9 交渉に先立って、円滑に運ぶため（　　　　　）をした。

1 根回し　　　　　　　　　　　　2 根も葉も

3 根回り　　　　　　　　　　　　4 根性

10 結婚生活に一度失敗した人が「結婚なんてもう（　　　　　）だ」と言っていた。

1 ひっそり　　　　　　　　　　　2 こりごり

3 ぽっきり　　　　　　　　　　　4 こっくり

11 序盤は走者を得点圏に置きながら、なかなか得点を奪えない（　　　　　）展開が繰り広げられた。

1 ゆゆしい　　　　　　　　　　　2 わざとらしい

3 はがゆい　　　　　　　　　　　4 くすぐったい

12 能力の低い者でも（　　　　　　　）と一生懸命にやり遂げる場合が多い。

    1 くわだてる   2 へだてる

    3 おだてる   4 いらだてる

13 S社の社長は国会議員たちにお金を（　　　　　　　）疑いで調査を受けている。

    1 ばらまいた   2 ばらついた

    3 とりまいた   4 ちらついた

問題3 ＿＿＿＿＿の言葉に意味が最も近いものを、1・2・3・4から一つ選びなさい。

14 最近、ワンちゃんがドッグフードを食べずにおやつばかりねだっている。

    1 かじって   2 なめて

    3 ねらって   4 せがんで

15 行き当たりばったりの経営では、成功はおぼつかない。

    1 無経験   2 無計画

    3 無頓着   4 無資本

16 うちの母は茶道のたしなみがあって、毎週茶道教室に通っている。

    1 心得   2 心柄

    3 心地   4 心掛け

17 上司はプライベートなことを根掘り葉掘り聞いてきた。

    1 区々   2 予々

    3 一々   4 続々

18 先生が教室に入ると、がやがやと騒いでいた生徒達は、すたすたと自分の席に座った。

1 きしきし   2 けらけら

3 こそこそ   4 ざわざわ

19 日本人は婉曲に話したいという心理があるから、よく否定の文を使い肯定の意味を表すのだ。

1 ひそかに   2 それとなく

3 ろこつに   4 むきだしに

問題4 次の言葉の使い方として最も適当なものを、1・2・3・4から一つ選びなさい。

20 強いる

1 人手不足により、毎日サービス残業を強いられている。

2 台風11号の接近により、九州地方では非常に強いる風と、雷を伴う激しい雨が降る恐れがあります。

3 この問題はなかなか強い、容易に解決できるものではない。

4 あなたがその打ち合わせに参加してくれると、私は大変心強いる。

21 質素

1 子供には、これからも明るく質素な子に育ってほしいです。

2 いつも私たちが吸っている空気の約78%は質素だそうです。

3 彼は大企業の御曹司でありながらも、非常に質素な生き方をしている。

4 99%の質素があっても、1%の努力がなかったら成功はできない。

22 歩合

1 宝くじより競馬の方が当たる歩合が高いそうです。

2 青木選手は3点シュートの成功歩合を高めるため薄暗いところで毎日シュート練習をした
そうです。

3 この学校の男子学生と女子学生の歩合が逆転した。

4 タクシードライバーの給与体系は、お客さんを乗せた運賃から支払われる歩合制となっ
ている。

23 押し切る

1 人それぞれ考え方が違うので、自分の価値観を他人に押し切るのは好ましくない。

2 親の反対を押し切って結婚した場合、いつか必ずその報いが自分に跳ね返ってくるそう
です。

3 Jリーグを取材するため押し切った報道陣は海外メディアも含めて200人を超えた。

4 相手ピッチャーのコントロールが悪くなったところを見逃さず、押し切りで先取点をあげ
た。

24 揉める

1 縁側で祖父の肩を揉めている孫の姿が可愛くてたまらない。

2 マッサージ店でもんでもらったら、筋肉が揉めるようになった。

3 仲の良かった兄弟同士がご両親の遺産相続をめぐって揉めている。

4 厳しい部長にほぼ毎日大声で揉められたり、書類を投げ付けられたりしています。

25 脆い

1 彼は情に脆いお人好しでよく騙されている。

2 若い人は経験に脆いのでとかく観念的になり現実離れした考えを抱きがちだ。

3 「女性は生物学的に数学が脆いである」と考えている人は少なくない。

4 彼は実力があるのに、本番に脆くてその実力が発揮できない。

| PART 10 |

동사

弄る _{いじ}	만지작거리다 〈5〉
唸る _{うな}	신음하다
うねる	물결이 너울거리다, 물결치다 〈5〉
潤う _{うるお}	축축[눅눅]해지다 / 풍부 [윤택]해지다, 혜택을 보다
口ずさむ _{くち}	흥얼거리다, 읊조리다
朽ちる _く	(나무 등이) 썩다
記す _{しる}	기록하다
切羽詰まる _{せっぱ つ}	궁지에 몰리다, 다급해지다
責める _せ	나무라다, 꾸짖다, 비난하다
立ち退く _{た の}	떠나다, 물러나다
立ち寄る _{た よ}	다가서다 / 들르다
培う _{つちか}	가꾸다, 배양하다 / (능력· 심성을 등을) 기르다, 배양 하다
躓く _{つまず}	발이 걸려 넘어질 뻔하다 / 실패하다

咎める _{とが}	나무라다, 책망하다, 비난하다
戸惑う _{と まど}	당황하다, 갈피를 못 잡다
詰る _{なじ}	힐문하다, 힐책하다, 따지다 〈5〉
ばてる	지치다, 기진하다, 녹초가 되다
食み出す _{は だ}	비어져 나오다
引き締まる _{ひ し}	(해이해진 몸·마음 등이) 다잡아지다, 긴장되다
見捨てる _{み す}	돌보지 않다, 버리다
貪る _{むさぼ}	탐하다
蝕む _{むしば}	벌레먹다
巡り合う _{めぐ あ}	우연히 만나다, 상봉하다
病む _や	앓다, 병들다
弁える _{わきま}	분별하다, 분간하다
割り出す _{わ だ}	계산해서 결과를 내다, 산출하다 / 결론을 내다, 추단하다

음독 명사

うんぬん 云々	운운, 왈가왈부함	さいくつ 採掘	채굴
せじ お世辞	아첨	ざいげん 財源	재원
かくとく 獲得	획득	さぎ 詐欺	사기
こうぎ 抗議	항의	さくげん 削減	삭감
こうきょう 好況	호황	さっかく 錯覚	착각
こうじょ 控除	공제	さんか 酸化	산화
こうしょう 交渉	교섭	さんがく 山岳	산악
こうたく 光沢	광택	さんしょう 参照	참조
こうどく 講読	강독, 글을 읽고 그 뜻을 밝힘	さんぷく 山腹	산중턱, 산허리
こうねつひ 光熱費	광열비	さんみゃく 山脈	산맥
こうはい 荒廃	황폐	しゅうぎ (ご) 祝儀	축의금, 축하 선물
こうふ 交付	교부, 내어 줌	だんじき 断食	단식
こきゅう 呼吸	호흡	ひろう 披露	피로, 일반에게 널리 알림
ごくらく 極楽	극락	ほうび 褒美	칭찬하며 주는 금품, 포상
こせき 戸籍	호적	ほしょう 補償	보상
こっとうひん 骨董品	골동품	よねん 余念	여념

훈독 명사

あ がた 明け方	새벽녘	くちだっしゃ 口達者	말주변이 좋음, 또는 그런 사람
おおみそか 大晦日	섣달 그믐날, 그해의 마지막 날	くちばし	부리

玄人 (くろうと)	전문가, 프로	艶 (つや)	광택
心地 (ここち)	기분, 느낌	鳥居 (とりい)	신사 입구에 세운 두 기둥의 문
竿 (さお)	장대	八方塞がり (はっぽうふさがり)	손을 쓸 방법이 없음, 어찌할 방도가 없음, 팔방이 꽉 막힌 상태
差し引き (さしひき)	차감, 공제		
残高 (ざんだか)	잔고, 잔액	股 (また)	가랑이
衝動買い (しょうどうがい)	충동구매	見通し (みとおし)	예측, 전망
筋道 (すじみち)	조리, 도리	峰 (みね)	산봉우리
焚火 (たきび)	모닥불	目処 (めど)	목표, 전망
つじつま	조리, 이치		

▌い형용사

うざったい	성가시다, 귀찮다	相応しい (ふさわしい)	어울리다, 적합하다
おぼつかない	불안하다, 미덥지 못하다 / 가망이 없을 것 같다, (될지 안 될지) 의심스럽다	古めかしい (ふるめかしい)	고풍스럽다, 예스럽다
		紛れもない (まぎれもない)	틀림없다, 명백하다, 확실하다
ぎこちない	(말이나 동작 등이) 어색하다, 딱딱하다	みすぼらしい	(몰골이) 초라하다, 볼품없다
じれったい	(일이 뜻대로 진행되지 않아) 답답하다, 속이 타다	空しい＝虚しい (むなしい＝むなしい)	허무하다, 덧없다
容易い (たやすい)	손쉽다, 용이하다		

▌な형용사

機敏 (きびん)	기민함, 눈치가 빠르고 동작이 날쌤	強情 (ごうじょう)	고집이 셈
		好都合 (こうつごう)	형편[사정]이 좋음

ざっくばらん	솔직하고 숨김이 없음, 탁 털어놓고 사실대로 드러냄	閉口 (へいこう)	질림, 손듦
粗末 (そまつ)	(품질·됨됨이가) 변변치 못함	区々 (まちまち)	구구, 각기 다름, 가지각색
突飛 (とっぴ)	엉뚱함	無惨 (むざん)	잔인함, 참혹함
抜群 (ばつぐん)	발군, 출중함	無茶 (むちゃ)	터무니없음, 당치않음
		無謀 (むぼう)	무모함

부사 or 접속사

あくまで	끝까지, 철저히, 어디까지나	とことん	끝 〈명〉 / 철저히 〈부〉
予予 (かねがね)	전부터, 진작부터	とっぷり	날이 완전히 저물어 어두워지는 모양, 완전히 / 어떤 것 속에 완전히 들어가는 모양, 푹
ぐずぐず	결단이나 행동이 느린 모양, 우물쭈물, 꾸물꾸물		
ことによると	어쩌면, 혹시	ひりひり	따끔따끔
そもそも	원래, 애당초	びりびり	전기에 감전된 느낌, 찌르르
てきぱき	일을 재빨리 능숙하게 처리해 나가는 모양, 척척	ぴりぴり	몹시 매운 느낌, 얼얼

カタカナ

インターチェンジ	인터체인지	ゼミ	세미나, 연습, (대학에서) 교수의 지도하에 소수의 학생이 모여서 연구하며 발표·토의 등을 하는 일
クレーム	클레임		
ジャーナリズム	저널리즘		
		ピンチ	핀치, 위기

ブティック	부티크, (여성복·장신구 등을 전문으로 취급하는) 양품점
プレゼンテーション	프리젠테이션

マークシート	마크 시트
レジ	레지스터, 금전 출납계
ローミングサービス	로밍서비스

관용구

馬の耳に念仏 <small>うま みみ ねんぶつ</small>	소귀에 경 읽기
立て板に水 <small>た いた みず</small>	《기대어 세워 놓은 판자에 물을 부으면 잘 흘러내리듯이》 청산유수로 거침없이 말함, 청산유수
爪に火を点す <small>つめ ひ とも</small>	《초 대신 손톱에 불을 켤 정도로》 몹시 인색하다 / 몹시 가난하게 살다

弁が立つ <small>べん た</small>	언변이 좋다
目処が立つ <small>め ど た</small>	목표가 서다, 전망이 보이다
見通しが付く <small>み とお つ</small>	전망이 보이다, 목표가 서다
李下に冠を正さず <small>り か かんむり ただ</small>	남의 의심을 받을 짓은 삼가라는 말

問題1 　　　　の言葉の読み方として最もよいものを、1・2・3・4から一つ選びなさい。

1 結婚式でのご祝儀は新札を用意するのがマナーだとされている。

 1 しゅうぎ　　　　　　　　　　2 しゅくぎ

 3 いわぎ　　　　　　　　　　　4 いわき

2 永住権を獲得するために、海外出産を希望するケースも少なくないようだ。

 1 えとく　　　　　　　　　　　2 しゅとく

 3 かくとく　　　　　　　　　　4 ごとく

3 ラテアートの腕前を披露するために世界中からバリスタが集まった。

 1 かわつゆ　　　　　　　　　　2 ひつゆ

 3 ひろ　　　　　　　　　　　　4 ひろう

4 このゼミでは、勉強面のみならず、ディスカッション能力やプレゼン能力などといったコミュニケーション能力も培うことができる。

 1 つちかう　　　　　　　　　　2 うるおう

 3 つぐなう　　　　　　　　　　4 やしなう

5 神社の鳥居の柱は朽ちて今にも倒れそうだ。

 1 ぐちて　　　　　　　　　　　2 くちて

 3 けちて　　　　　　　　　　　4 みちて

6 断食は基本的に、お坊さんの修行で行われるものです。

1 だんしょく 2 たんしょく

3 だんじき 4 だんしき

問題2 ( )に入れるのに最もよいものを、1・2・3・4から一つ選びなさい。

7 初対面の2人は、( )笑顔で握手をしながら挨拶を交わした。

1 ぎこちない 2 よそよそしい

3 ごつい 4 うざったい

8 古びた倉庫のような( )外観ではありますが、なんと販売価格は1億円もするそうです。

1 ふるめかしい 2 でっかい

3 みすぼらしい 4 ばつがわるい

9 最近、我が社の企画部員たちは時代のニーズに即した新商品の企画開発に( )がない。

1 余暇 2 余裕

3 余計 4 余念

10 科学技術が人類に多大な恵みをもたらしたことは( )事実である。

1 けがらわしい 2 まぎれもない

3 うっとうしい 4 じれったい

11 彼女は仕事や人間関係などで強いストレスを感じると、(　　　　　　)に走る傾向が
あるそうだ。

　　1 買い占め　　　　　　　　　　　　2 売り惜しみ

　　3 衝動買い　　　　　　　　　　　　4 衡動買い

12 不景気の打撃を受けた中小企業は、資金調達の見込みが立たず(　　　　　　)の
窮地に陥っている。

　　1 八方塞がり　　　　　　　　　　　2 八つ当たり

　　3 八方美人　　　　　　　　　　　　4 八方破れ

13 一年の最後の日である(　　　　　　)は、「古い年を去り、新年を迎える日」なので
「除日（じょじつ）」とも呼ばれる。

　　1 歳暮　　　　　　　　　　　　　　2 中元

　　3 元旦　　　　　　　　　　　　　　4 大晦日

問題3　＿＿＿＿＿＿の言葉に意味が最も近いものを、1・2・3・4から一つ選びなさ
い。

14 九州新幹線では、一部区間が復旧したが、全線復旧の<u>目処は立っていない</u>。

　　1 見晴らしがきかない　　　　　　　2 見通しがつかない

　　3 眺めがよくない　　　　　　　　　4 完了していない

15 彼女の陳述には<u>つじつま</u>の合わない点があった。

　　1 粗筋　　　　　　　　　　　　　　2 筋違い

　　3 筋道　　　　　　　　　　　　　　4 一筋

16 神様の前にも人の前にも、良心に<u>せめられる</u>ことのないように常に努めています。

    1 こじれる   2 まぬかれる

    3 なめられる   4 とがめられる

17 夫の経営する会社が経営危機に陥って、<u>爪に火を点す</u>ような生活を続けている。

    1 窮乏な   2 あどけない

    3 あくどい   4 几帳面な

18 彼は<u>弁が立つ</u>ので交渉ごとに最適任者だと思う。

    1 敏感   2 利口

    3 立て板に水   4 横板に雨垂れ

19 先生のご高名は<u>かねがね</u>伺っておりました、お会いできて光栄です。

    1 何度も   2 前々から

    3 小耳に   4 周りから

問題4 次の言葉の使い方として最も適当なものを、1・2・3・4から一つ選びなさい。

20 わきまえる

    1 幸福というものは、周りの人と<u>わきまえる</u>ことで、より一層味わうことができるものです。

    2 ゴミは資源物・可燃ごみ・不燃ごみ・有害ごみ・危険ごみ・粗大ごみの6つに<u>わきまえて</u>収集・処理しています。

    3 一年生を3組に<u>わきまえて</u>各活動場所へ引率してください。

    4 大人になるにつれて、自分の身の程を<u>わきまえる</u>ことも覚えなくてはいけない。

21 おぼつかない

1 よほど考え抜かなければ、ビジネスにおける成功はおぼつかない。

2 単純な作業でもミスを繰り返すなど、仕事をなかなかおぼつかない。

3 犬が海でおぼつかなかった小鹿を救出する動画が世界中の人々に感動を与えた。

4 浮気なんて一度も考えたこともないにも関わらず、夫に浮気をおぼつかなかった。

22 ざっくばらん

1 彼はいつも偉そうな態度だし、ざっくばらんな性格なので周りの人に嫌われている。

2 お祖母ちゃんはお祖父ちゃんのだじゃれに歯をざっくばらんにして笑った。

3 和やかな雰囲気の中でざっくばらんに新入社員たちと話し合った。

4 彼女は気に障るようなことを言われると、ざっくばらんに嫌な顔をする。

23 くちずさむ

1 妻は寝ている旦那の耳元で「愛してるよ」とくちずさんだ。

2 私は運転中に我知らず自然に尾崎豊の歌をくちずさんでいる。

3 森を歩きながら樹木や土の香りを感じ、小鳥のくちずさみを聞くと癒される気がする。

4 その学者は、科学の世界では殆ど評価されていない学説をくちずさんでいる。

24 ことによると

1 オリンピック大会は4年ことによると開催されている。

2 スポーツなら何でも好きだが、ことによるとサッカーが好きだ。

3 彼はことによると彼の生きた時代で最も才能のある画家だったかもしれない。

4 俺の気持ちが、お前ことによると分かるものか。

25 まちまち

1 僕はお酒に弱いのでまちまちとしか飲めない。

2 薬を飲んだらまちまち痛みが治まった。

3 洗った洗濯物を取り込むのを忘れてまちまちに凍ってしまった。

4 意見がまちまちで収拾がつかない。

PART 11

동사

足搔く あ が	발버둥질치다, 몸부림치다, 버둥거리다
侮る あなど	깔보다
忌む い	꺼리어 피하다, 싫어하다
うろたえる	당황하다, 허둥거리다
落ち込む お こ	침울해지다
おもねる	아첨하다
及ぼす およ	미치게 하다, 끼치다
折り返す お かえ	되돌아오다[가다], 되짚어 오다[가다] / 곧 회신[답장]하다
嵩む かさ	부피가 커지다, (분량이) 늘 다 / (빚·비용이) 많아지다
傾げる かし	갸웃하다
庇う かば	감싸다, 두둔하다, 비호하다
漕ぐ こ	(노를) 젓다 / (그네나 자전 거 등을 탈 때) 발을 구르 다, 밟다 /〈「舟(ふね)を~」 의 꼴로〉 꾸벅꾸벅 졸다

こじれる	(병이) 덧나다, 악화되다 / (일·이야기가) 복잡해지다, 꼬이다
媚びる こ	아첨[아부]하다 / 아양 떨다, 교태를 부리다
しがみつく	매달리다, 붙들고 늘어지다 / (비유적) 매달리다, 물고 늘어지다
掬う すく	뜨다, 떠내다, 건져내다
裁つ た	재단하다
捕らえる と	붙잡다 / 파악하다 / (마음을) 사로잡다
突き放す つ はな	뿌리치다
へつらう	아첨하다
見逃す み のが	빠뜨리고 보다, 간과하다 / 눈감아 주다, 못 본 체하다
愛でる め	귀여워하다, 사랑하다 / 즐기다, 감상하다
よどむ	(공기가) 탁해지다

음독 명사

いちにんまえ 一人前	(솜씨·능력 등이) 제 몫을 할 수 있음, 제구실을 할 수 있게 됨, 어엿함 ⇔ はんにんまえ 半人前
ぎゃくたい 虐待	학대
こよう 雇用	고용
じき 磁気	자기, 자석이 철을 끌어당기는 작용
じき 磁器	자기, 사기그릇
しきさい 色彩	색채
じく 軸	축
しこう 嗜好	기호, 좋아함
しっかく 失格	실격
しっきゃく 失脚	실각, 실패하여 지위를 잃음
じっしつ 実質	실질
じっせん 実践	실천
じっぴ 実費	실비
してき 指摘	지적
しぼう 脂肪	지방
しゅうぎょう 就業	취업
しゅうげき 襲撃	습격
しゅうちゃく 執着	집착
じゅうなん 柔軟	유연

しゅえい 守衛	수위, 경비
しゅし 趣旨	취지
しょうがい 生涯	생애
しょうげき 衝撃	충격
しょうれい 奨励	장려
じょがい 除外	제외
しょくみんち 植民地	식민지
じょこう 徐行	서행
しんぎ 審議	심의
しんこう 新興	신흥
しんこう 振興	진흥
しんさ 審査	심사
しんじゅ 真珠	진주
しんでん 神殿	신전, 신을 모시는 전당
しんぴ 神秘	신비
しんぼう 辛抱	참음, 인내
すいしん 推進	추진
すうはい 崇拝	숭배
せっちゅう 折衷	절충
ぞうてい 贈呈	증정
ほしゅう 補習	(수업) 보충

幽霊 (ゆうれい)	유령	了承 (りょうしょう)	양해, 승낙
濫用 (らんよう)	남용	湾 (わん)	만
理屈 (りくつ)	이치, 도리		

훈독 명사

間柄 (あいだがら)	관계, 사이	地主 (じぬし)	지주
合間 (あいま)	사이, 틈, 짬	裾 (すそ)	옷자락
隙間 (すきま)	빈틈, 틈새기	滝 (たき)	폭포
雨戸 (あまど)	(비바람을 막기 위한) 덧문	蓋 (ふた)	뚜껑
輿 (こし)	가마	見込み (みこみ)	전망, 예상 / 가망, 희망
潮 (しお)	바닷물, 조수	目盛り (めもり)	(자·저울 등의) 눈금
下火 (したび)	불기운이 약해짐 / 기세가 약해짐, 시들해짐, 한물 감	股 (もも)	허벅지
		藁 (わら)	짚, 볏짚

い형용사

労しい (いたわしい)	가엾다, 딱하다, 측은하다, 애처롭다	さり気ない (さりげない)	아무렇지도 않은 듯하다, 그런 티를 보이지 않다
愛しい (いとしい)	사랑스럽다	果てしない (はてしない)	끝없다
忌まわしい (いまわしい)	꺼림칙하다, 불길하다	紛らわしい (まぎらわしい)	(아주 비슷하여) 헷갈리다
敏い (さとい)	명석하다, 총명하다	喧しい (やかましい)	시끄럽다
ちょろい	미온적이다		
何気ない (なにげない)	아무렇지도 않다, 별 생각도 없다, 무심하다		

な형용사

移り気(うつりぎ)	변덕스러움
おおざっぱ	대략적임, 엉성함 / 대충, 얼추잡음
大(おお)らか	대범하고 느긋함, 너글너글함
気掛(きが)かり	마음에 걸림, 걱정
気紛(きまぐ)れ	변덕스러움

巧妙(こうみょう)	교묘함
心外(しんがい)	뜻밖임, 의외임
悲観的(ひかんてき)	비관적임
綿密(めんみつ)	면밀함
厄介(やっかい)	귀찮음, 성가심

부사 or 접속사

一向(いっこう)に	완전히, 아주 / 〈뒤에 부정의 말이 따름〉 전혀, 조금도
未(いま)だかつて	(뒤에 부정이 따름) 지금까지 한 번도, 아직 한 번도
おどおど	벌벌, 주뼛주뼛
かんかん	쇠붙이 따위를 두드릴 때 나는 소리, 꽝꽝, 땅땅 / 햇볕이 강하게 내리쬐는 모양, 쨍쨍 / 노발대발하는 모양, 불같이
けろけろ	개골개골
ことここに至(いた)っては	일이 이 지경에 이르러서는

しくしく	훌쩍훌쩍, 코를 훌쩍이며 힘없이 우는 모양
終日(しゅうじつ)	종일, 온종일
四六時中(しろくじちゅう)	하루 종일, 온종일
ずばりと	정곡을 찌르는 모양, 정통으로
どろどろ	걸쭉하게, 질척질척
ひたすら	오로지, 한결같이
漏(も)れなく	빠짐없이, 죄다, 모두
選(よ)りに選(よ)って	하필이면

カタカナ

アクセント	악센트	ジャンル	장르, 종류
インフレ(ーション)	인플레이션	スクーター	스쿠터
ウェブサーバ	웹서버	デフレ(ーション)	디플레이션
コマーシャル	광고	モラル	윤리, 도덕
サボタージュ	사보타주, 태업, 일을 게을리 함	レンタカー	렌터카

관용구

おべっかを使（つか）う	아첨[아부]하다	猫（ねこ）も杓子（しゃくし）も	어중이떠중이, 누구나, 개나 소나
胡麻（ごま）をする	아첨[아부]하다	猫（ねこ）に小判（こばん）	고양이에게 금화, 돼지에 진주
味噌（みそ）をする	아첨[아부]하다	豚（ぶた）に真珠（しんじゅ）	《어떤 보물도 가치를 모르는 사람에게는 소용없음의 비유》돼지에 진주
玉（たま）の輿（こし）に乗（の）る	미천한 집의 여자가 부귀한 집안으로 시집가다		

問題1 _____ の言葉の読み方として最もよいものを、1・2・3・4から一つ選びなさい。

1 玉の輿に乗った彼女は灰色からバラ色の人生にガラッと変わった。

    1 ひし   2 こし

    3 かま   4 ぬま

2 ラクダの背中に乗って、果てしない砂漠をのんびりと旅してみたい。

    1 かてしない   2 あてしない

    3 はてしない   4 くだてしない

3 缶詰などの蓋を開ける時には、指を切らないように注意してください。

    1 ふた   2 せん

    3 おぼん   4 え

4 与党と野党が激しく対立していたが、与野党の折衷案で決着がついた。

    1 おりちゅう   2 せつあわれ

    3 おりあい   4 せっちゅう

5 温度計の目盛りは、水の氷点を0℃、沸点を100℃と決めています。

    1 めざかり   2 めもり

    3 もくせいり   4 もくじょうり

6 最近ペットブームの裏で、一部の飼い主による遺棄や<u>虐待</u>などが問題になっている。

    1 ぎゃくだい   2 きゃくだい

    3 ぎゃくたい   4 きゃくたい

問題2 ( )に入れるのに最もよいものを、1・2・3・4から一つ選びなさい。

7 虐められた子供が校庭の片隅で( )泣いている。

    1 けろけろ   2 げらげら

    3 しくしく   4 しとしと

8 世の中にはまともそうな男性がたくさんいるのに、何故( )こんな男と結婚してしまったんだろう。

    1 ことここに至っては   2 よりによって

    3 ことによると   4 どんよりと

9 今のところは治る( )がゼロに近い病気で、難病指定されています。

    1 見込み   2 見極め

    3 見晴らし   4 見渡し

10 卒業まであと一週間！仕組まれた自由に誰も気付かずに( )日々も終わる。

    1 かじった   2 くじいた

    3 あがいた   4 おもむいた

11 ( )立ち寄ったラーメン屋で、中学時代の恩師にばったり出会った。

    1 いとけなく   2 よんどころなく

    3 さりげなく   4 なにげなく

12 ささいな切っ掛けで話が（　　　　　　　）しまうと、なかなか円満解決が難しくなる

から、細心の注意を払いましょう。

1　ほじって　　　　　　　　　　　　2　こじれて

3　ねじって　　　　　　　　　　　　4　なじって

13 NHKは民間放送と異なり、（　　　　　　　）が入らないため、緊急時の情報や通知を

素早く行うことができる。

1　コマーシャル　　　　　　　　　　2　ネガティブ

3　フォロー　　　　　　　　　　　　4　ウェブサーバ

問題3　　　　　　の言葉に意味が最も近いものを、1・2・3・4から一つ選びなさい。

14 西洋美術において、蛇はいむべきものの代表として扱われる。

1　めでる　　　　　　　　　　　　　2　崇拝する

3　避ける　　　　　　　　　　　　　4　保護する

15 ご応募いただいた方にはもれなく、ささやかですが参加記念品を贈呈いたします。

1　やんわり　　　　　　　　　　　　2　とことん

3　ずばりと　　　　　　　　　　　　4　ことごとく

16 定年退職した夫は、何もせずどこにも行かず、終日家でゴロゴロしている。

1　はくじゅ　　　　　　　　　　　　2　しろくじちゅう

3　べったりと　　　　　　　　　　　4　よどおし

17 彼らの音楽は幅広いジャンルを取り入れている。

1　楽譜　　　　　　　　　　　　　　2　管弦楽

3　種類　　　　　　　　　　　　　　4　お玉杓子

18 彼は部下には厳しいくせに、上役にはいつもおべっかを使っている。

1 こびて　　　　　　　　　　　2 みくびって

3 くびって　　　　　　　　　　4 はびこって

19 イギリスの天候は季節にかかわらず、にわか雨が降ったり止んだりという気紛れな

天気が多いので、折り畳み傘などの雨具は必須アイテムです。

1 荒れた　　　　　　　　　　　2 移り気な

3 見逃し　　　　　　　　　　　4 空振り

問題4 次の言葉の使い方として最も適当なものを、1・2・3・4から一つ選びなさ
い。

20 色彩

1 一昔前までは犬の目は色彩と同じで、白黒の世界に生きていると言われていた。

2 ほくろは、皮膚の中のメラニンという色彩が集まったものです。

3 色彩褪せた古いアルバムをめくりながら懐かしい思い出に浸った。

4 その文学者の作品は左翼的色彩がきわめて濃い点が特徴である。

21 隙間

1 葉の隙間から差し込む木漏れ日がとても奇麗な季節が訪れました。

2 木村君とは幼馴染で何でも腹を割って話せる隙間だ。

3 敵が油断した隙間を狙って一気に攻め込んだ。

4 ちょっと心配になって仕事の隙間を縫って自宅に電話して近況を聞く。

22 かんかん

1 昨日は久しぶりに会った友人と夜遅くまで飲んだので、今朝は頭がかんかんする。

2 暦の上では秋ですが、日中はまだ眩しい太陽がかんかんと照り付ける天気になるでしょう。

3 息子に先取り学習をさせてみたが、その効果なのか、最近成績がかんかん伸びている。

4 風邪を引いて、乾いた咳がかんかんと止まらず夜もなかなか眠れない。

23 一人前

1 彼は一人前なので、周りから甘やかされて育った。

2 まだまだ勉強することばかりの一人前ですが、いつか父のようなちゃんとした大工になるのが夢です。

3 一人前の板前になるには、少なくとも10年の下積みが必要と言われている。

4 あの子はいつも一人前で遊んでいる。

24 厄介

1 家族って一番身近で一番大切な存在に違いないが、時には一番厄介な存在になっちゃうこともある。

2 来年、娘は一番気を付けないといけない３３歳の厄介を迎えます。

3 彼女は年老いた母親の厄介をするために仕事を辞めたそうだ。

4 法律上、子供は親の厄介を見る義務がある。

25 モラル

1 就活の面接で「あなたがロールモラルにしている人物は誰ですか」と聞かれた。

2 この映画は極限状況に追い込まれた人間の心理をモラルに描いた名作だ。

3 彼は特にイケメンというわけでもないのに、なぜか女性にモラルタイプだ。

4 人権侵害を放置することはモラルに反する。

| PART 12 |

동사

| 案_{あん}じる | 걱정하다 / 생각해 내다 |

| 案<ruby>案<rt>あん</rt></ruby>じる | 걱정하다 / 생각해 내다 |

抉<ruby>抉<rt>えぐ</rt></ruby>る — (날붙이로) 도려내다, 후비다

怯<ruby>怯<rt>おび</rt></ruby>える — 무서워서 벌벌 떨다

織<ruby>織<rt>お</rt></ruby>る — (직물·자리 등을) 짜다

切<ruby>切<rt>き</rt></ruby>り上<ruby>上<rt>あ</rt></ruby>げる — (하던 일을) 일단락 짓다, 일단 끝내다

砕<ruby>砕<rt>くだ</rt></ruby>く — (단단한 것을) 부수다, 깨뜨리다 / 〈「心(こころ) [身(み)]を~」 등의 꼴로〉 애쓰다, 힘쓰다

濯<ruby>濯<rt>すす</rt></ruby>ぐ — 헹구다

涼<ruby>涼<rt>すず</rt></ruby>む — 시원한 바람을 쐬다

擦<ruby>擦<rt>す</rt></ruby>る — 문지르다, 비비다

掏<ruby>掏<rt>す</rt></ruby>る — 소매치기하다

刷<ruby>刷<rt>す</rt></ruby>る — 인쇄하다

取<ruby>取<rt>と</rt></ruby>り返<ruby>返<rt>かえ</rt></ruby>す — 되찾다 / 회복하다, 만회하다

取<ruby>取<rt>と</rt></ruby>り締<ruby>締<rt>し</rt></ruby>まる — 단속하다

撫<ruby>撫<rt>な</rt></ruby>でる — 쓰다듬다, 어루만지다

なめる — 핥다 / 깔보다, 얕보다

滲<ruby>滲<rt>にじ</rt></ruby>む — 번지다, 스미다, 배다

担<ruby>担<rt>にな</rt></ruby>う — 짊어지다

拭<ruby>拭<rt>ぬぐ</rt></ruby>う — 닦다, 훔치다

妬<ruby>妬<rt>ねた</rt></ruby>む — 질투하다

図<ruby>図<rt>はか</rt></ruby>る — 도모하다

計<ruby>計<rt>はか</rt></ruby>る — (수량·시간을) 재다

量<ruby>量<rt>はか</rt></ruby>る — (무게·양을) 재다, 달다

測<ruby>測<rt>はか</rt></ruby>る — (길이·깊이·면적·체적을) 재다

謀<ruby>謀<rt>はか</rt></ruby>る — (나쁜 일을) 꾀하다, 기도하다, 음모하다

諮<ruby>諮<rt>はか</rt></ruby>る — 자문하다, 상의하다

葬<ruby>葬<rt>ほうむ</rt></ruby>る — 묻다, 매장하다 / (흐지부지) 감추다, 묻어 버리다

捲<ruby>捲<rt>めく</rt></ruby>る — 젖히다, 넘기다

目論<ruby>目論<rt>もくろ</rt></ruby>む — 계획하다, 꾸미다, 꾀하다

음독 명사

境遇 (きょうぐう)	처지, 입장		譲歩 (じょうほ)	양보
享受 (きょうじゅ)	향수, 누림		職務 (しょくむ)	직무
夏至 (げし)	하지		叙述 (じょじゅつ)	서술
痕跡 (こんせき)	흔적		所属 (しょぞく)	소속
自我 (じが)	자아		処罰 (しょばつ)	처벌
指揮 (しき)	지휘		庶民 (しょみん)	서민
地獄 (じごく)	지옥		紳士 (しんし)	신사
耳鼻科 (じびか)	이비인후과		新築 (しんちく)	신축
志望 (しぼう)	지망		進呈 (しんてい)	진정, 드림
斜面 (しゃめん)	사면		振動 (しんどう)	진동
修飾 (しゅうしょく)	수식		侵略 (しんりゃく)	침략
塾 (じゅく)	학원		吹奏 (すいそう)	취주
祝賀 (しゅくが)	축하		推測 (すいそく)	추측
主催 (しゅさい)	주최		推理 (すいり)	추리
出血 (しゅっけつ)	출혈 / (비유적으로) 인원·금전의 손해		懲役 (ちょうえき)	징역
出題 (しゅつだい)	출제		冬至 (とうじ)	동지
消去 (しょうきょ)	소거		土壇場 (どたんば)	막판
照合 (しょうごう)	대조함		土俵際 (どひょうぎわ)	씨름판의 경계선 / 막판
詳細 (しょうさい)	상세		年俸 (ねんぽう)	연봉
承諾 (しょうだく)	승낙		封鎖 (ふうさ)	봉쇄
			奮発 (ふんぱつ)	큰맘 먹고 돈을 냄

弊害（へいがい）	폐해	遊説（ゆうぜい）	유세
名簿（めいぼ）	명부	利潤（りじゅん）	이윤

훈독 명사

相槌（あいづち）	맞장구	引っ込み思案（ひっこみじあん）	매사에 소극적임, 적극성이 없음
雄（おす）	수컷	目尻（めじり）	눈꼬리
雌（めす）	암컷	喪服（もふく）	상복
岸（きし）	물가, 해변, 강변	余所見（よそみ）	한눈 팖
絹（きぬ）	비단	夜更かし（よふかし）	밤 늦게까지 잠을 안 잠
蛇口（じゃぐち）	수도꼭지	夜更け（よふけ）	심야
俵（たわら）	가마니, 섬	脇目（わきめ）	한눈 팖
軒並み（のきなみ）	처마가 잇달아 늘어서 있음, 또는 늘어선 집 / (같은 종류의 것이) 모두, 다같이	脇目も振らず（わきめもふらず）	한눈도 팔지 않고, 매우 열심히

い형용사

あざとい	약삭빠르다 / 악랄하다	見苦しい（みぐるしい）	보기 흉하다, 볼꼴 사납다
後ろめたい（うしろめたい）	뒤가 켕기다, 양심의 가책을 느끼다	余所余所しい（よそよそしい）	(지금까지와는 달리) 쌀쌀맞다, 냉담하다, 서먹서먹하다
生々しい（なまなましい）	생생하다	りりしい	늠름하다, 씩씩하다
甚だしい（はなはだしい）	(흔히 좋지 않은 뜻으로 쓰임) 매우 심하다, 대단하다	悪賢い（わるがしこい）	교활하다, 약다
ふてぶてしい	넉살 좋고 대담하다, 유들유들하다, 뻔뻔스럽다		

な형용사

あべこべ	반대로 임, 거꾸로 임, 뒤바뀜
一様 (いちよう)	일양, 똑같음, 한결같음
おおっぴら	공공연함, 공개함
気障 (きざ)	아니꼬움, 비위에 거슬림
怠惰 (たいだ)	게으름
場当たり的 (ばあたりてき)	(사전 준비 없이) 임시 변통적임, 즉흥적임
漠然 (ばくぜん)	막연함
悲惨 (ひさん)	비참함
ぶっきらぼう	퉁명스러움
目茶目茶 (めちゃめちゃ)	엉망진창임

부사 or 접속사

いかにも	정말로, 매우, 자못
がっしり	튼튼히, 다부지게
くたくた	지침, 녹초가 됨
ごちゃごちゃ	어지러이 뒤섞인 모양, 어수선한 모양
こぢんまり	아담스레, 조촐히
さも	아주, 정말로, 자못
さもないと	그렇지 않으면
ただでさえ	그렇지 않아도
のびのび	무럭무럭
ぱちぱち	짝짝, 박수 치는 소리
めきめき	눈에 뜨게, 부쩍부쩍, 무럭무럭
もじもじ	머뭇머뭇, 주저주저
もやもや	연기·안개 등이 자욱한 모양, 또는 안개가 끼듯 몽롱한 모양
もりもり	왕성하게 먹는 모양
夜通し (よどおし)	밤새도록

カタカナ

コントラスト	대조, 대비
シック	멋진 모양, 세련된 모양
ストライキ	파업
ナンセンス	난센스
ニュアンス	뉘앙스
ノルマ	노르마, 할당된 노동량

バイヤー	バイオー	マナーモード	진동모드
ペーパードライバー		ユニーク	유니크
	페이퍼 드라이버, 장롱면허		

관용구

気が置けない	(조심할 필요 없이) 마음 놓을 수가 있다, 허물없다
気が咎める	마음에 걸리다, 마음이 켕기다, 가책이 되다
気が揉める	애가 타다, 마음이 조마조마해지다
鎬を削る	《「しのぎ」가 깎일 정도로》 맹렬히 싸우다, 치열하게 경쟁하다

袋のねずみ	독안에 든 쥐
腑に落ちない	납득이 안 가다, 이해가 안 되다
身から出た錆	자업자득, 자승자박

問題1 ＿＿＿＿＿の言葉の読み方として最もよいものを、1・2・3・4から一つ選びなさい。

1 街をふらふらと歩いていると、どこからか絹を裂くような女性の悲鳴が聞こえてきた。

1 めん　　　　　　　　　　2 きじ

3 きぬ　　　　　　　　　　4 ぬの

2 大規模なリストラは企業に利益よりも弊害をもたらすことが多い。

1 はくがい　　　　　　　　2 ぼうがい

3 きがい　　　　　　　　　4 へいがい

3 国連安全保障理事会は、A国への経済制裁の一環として海上封鎖カードで対抗した。

1 ふうさ　　　　　　　　　2 ふうさい

3 ほうさ　　　　　　　　　4 ほうさい

4 初生雛鑑別師はヒヨコの雌と雄をすぐに判別できる。

1 めす　　　　　　　　　　2 おす

3 ます　　　　　　　　　　4 かす

5 景気が悪くなるほど一獲千金を目論む人が多くなる。

1 めろむ　　　　　　　　　2 めろんむ

3 もくろむ　　　　　　　　4 もくろんむ

6 その事件は、うやむやのうちに<u>葬られて</u>しまった。

1 ほうむられて   2 こうむられて

3 うめられて   4 わだかまられて

問題2 （　　　　）に入れるのに最もよいものを、1・2・3・4から一つ選びなさい。

7 今まで仲良くしていた職場の同僚が急に（　　　　）態度を取っている。

1 ふてぶてしい   2 よそよそしい

3 はかばかしい   4 たどたどしい

8 カレンダーを（　　　　）時、あと一枚しか残っていなくて、何だかとても寂しい気持ちになった。

1 えぐった   2 ひねった

3 めくった   4 くくった

9 相手と話す時、（　　　　）を打つだけで相手からの印象は大きく変わります。

1 相槌   2 終止符

3 胸   4 舌鼓

10 小舟を（　　　　）に漕ぎ着けて荷物を下ろした。

1 みね   2 たに

3 ふもと   4 きし

11 自動車で走行中、（　　　　）をしていたので前の車が停車しているのに気付かず、追突してしまった。

1 脇目   2 横目

3 目尻   4 よそ見

12 うちの息子は、毎晩遅くまでスマホゲームに夢中になって（　　　　　　）をしている。

1　夜通し

2　夜更かし

3　夜更け

4　通夜

13　服装に予算をかけずに、（　　　　　　）に着こなせる方法は色々ある。

1　ノルマ

2　センス

3　シック

4　カリスマ

問題3　＿＿＿＿＿の言葉に意味が最も近いものを、1・2・3・4から一つ選びなさい。

14 各国の先端企業が自動運転車を実現するため技術開発に 鎬 を削っている。
しのぎ

1　取り掛かって

2　激しく争って

3　没頭して

4　身を砕いて

15 私は人見知りで引っ込み思案な性格なので、自分の意見を言ったり人前に出たりするのが苦手です。
じあん

1　無邪気

2　あがり症

3　消極的

4　うっとうしい

16 万が一のリスクを避けたいという投資家の姿勢が強まり、今日のアジア市場は軒並み株価が下落した。
のきな

1　大幅に

2　鰻登りに

3　急激に

4　一様に

17 優勝が目前だったが、土壇場で逆転されて涙を飲んだ。

1　土俵際

2　土俵入り

3　土俵場

4　俵

18 社内恋愛を<u>おおっぴら</u>にするカップルは少ない。

1 暴露する

2 内緒にする

3 公然とする

4 自慢する

19 夫は<u>さも</u>楽しそうに口笛を吹きながら運転していた。

1 さぞ

2 いかにも

3 さもないと

4 ただでさえ

問題4 次の言葉の使い方として最も適当なものを、1・2・3・4から一つ選びなさい。

20 場当たり的

1 いま政府が取っている対策は、法に<ruby>則<rt>のっと</rt></ruby>っておらず、<u>場当たり的</u>な対応にすぎない。

2 ボールが飛んできたので、<u>場当たり的</u>に身をかわした。

3 私は避難場所の高台から、町が波に飲み込まれる恐ろしい光景を<u>場当たり的</u>にしました。

4 優秀な青木君は面接でどんな質問に対しても<u>場当たり的</u>に正しい答えを言った。

21 <ruby>撫<rt>な</rt></ruby>でる

1 職場の後輩に<u>撫</u>でられて悔しい思いをした。

2 桜はその花の美しさを<u>撫</u>でるだけでなく、農作業の時期を測る目安としても利用されるなど、日本人の生活と深い関係を持っている。

3 パスタを<u>撫</u>でる時は、沸騰したお湯に塩を入れます。

4 おばあちゃんは「すぐ治るから大丈夫よ」と言いながら、反時計回りに私のお腹を<u>撫</u>でてくれた。

22 漠然

1 彼は優柔不断な性格でいつも漠然な態度をとり、はっきりとした意思表示をしない。

2 こんなに点差が開いては、もう勝負が付いたも漠然だ。

3 人間ならば誰しも自分の将来への漠然とした不安を抱えて過ごす。

4 これを修復するには、漠然な費用がかかると予想される。

23 諮る（はか）

1 久しぶりに体重を諮ってみたら、なんと5キロも増えていた。

2 Googleマップを使って、新宿駅から渋谷駅までの距離を諮ってみることにした。

3 彼は大統領夫妻の暗殺を諮った主犯として逮捕された。

4 委員会の運営に関する重要事項は、委員長が委員会に諮って決定することになっている。

24 もじもじ

1 彼女は口になにやらもじもじ頬張りながらテレビを見ていた。

2 面接試験で、もじもじして答えられなかった。

3 退院してからももじもじ食べて体力をつけましょう。

4 もじもじと霧のかかった山々はまるで一幅の絵のようだった。

25 ニュアンス

1 答えをそのまま教えるのではなく、解決へのニュアンスを与えるのが良い指導法なのだ。

2 彼女のニュアンスな発言が、一瞬にしてその場の空気を重くした。

3 この絵には、子供ならではのあどけなさとニュアンスな発想が込められている。

4 「炸裂」という文法教科書には、微妙なニュアンスの違いが分かりやすく書いてある。

問題1 _____の言葉の読み方として最もよいものを、1・2・3・4から一つ選びなさい。

1 相手に損失を与えたのだから、謝罪することは当然であり、その損失を償うべきだろう。

　　1 おぎなう　　　　　　　　　　2 つぐなう

　　3 あきなう　　　　　　　　　　4 あがなう

2 誘拐犯は店の娘を人質にとって、高額な身代金を要求している。

　　1 しんだいきん　　　　　　　　2 みだいきん

　　3 みのしろきん　　　　　　　　4 みかえきん

3 被災から1年が経ち、村には徐々に復興の兆しが見えてきた。

　　1 ものさし　　　　　　　　　　2 きざし

　　3 まなざし　　　　　　　　　　4 めざし

4 この本は実務の全分野を網羅しつつ、丁寧な解説も付いていてとても役に立っている。

　　1 もうら　　　　　　　　　　　2 こうら

　　3 あみど　　　　　　　　　　　4 とあみ

5 つたのカーテンは日差しを遮ってくれるだけではなく、葉の蒸散作用で窓から涼しい風が入ってくる。

　　1 ちぎって　　　　　　　　　　2 さえぎって

　　3 うらぎって　　　　　　　　　4 よぎって

6 ご期待に添えますよう、<u>精進</u>してまいります。

    1 せいじん   2 せいしん

    3 しょうじん   4 しょうしん

問題2 (   )に入れるのに最もよいものを、1・2・3・4から一つ選びなさい。

7 動物園で飼育員がトラに(   )死亡するという痛ましい事故が発生した。

    1 ひったくられて   2 ぼったくられて

    3 さらわれて   4 おそわれて

8 彼は19歳の時に青雲の(   )を抱いて上京した。

    1 こころざし   2 ゆびさし

    3 ひざし   4 かんざし

9 この登山用ウェアは、外からの雨は(   )が、中からの汗は外に逃がしてくれる素材で出来ている。

    1 はずむ   2 はじく

    3 はねる   4 とぶ

10 あの弟子の技量は師匠に(   )とも劣らない。

    1 秀でる   2 優れる

    3 勝る   4 抜きんでる

11 医者から(   )を投げられ絶望的な状況であったが、奇跡的に完治した。

    1 さじ   2 はし

    3 メス   4 レントゲン

12 彼にブランド服を教えても、ファッションセンスがないから猫に(　　　　　)だ。

1 鈴 2 念仏

3 真珠 4 小判

13 教授になるには、実力が必須条件でそれに加えて(　　　　　)が必要だそうだ。

1 コマ 2 コネ

3 エコ 4 エゴ

問題3 _____ の言葉に意味が最も近いものを、1・2・3・4から一つ選びなさい。

14 どうも会社側の説明には、腑に落ちないところがある。

1 納得のいかない 2 理に適わない

3 理不尽な 4 無頓着な

15 今日は快晴で、開会式にはおあつらえ向きな天気です。

1 さわやかな 2 うってつけの

3 どんよりとした 4 うっとうしい

16 美少年だった彼は、りりしい青年へと成長した。

1 しぶとい 2 ずぶとい

3 いさましい 4 ごつい

17 四六時中仕事のことが頭を離れない。

1 日増しに 2 日中

3 半日 4 一日中

18 これ以上、<u>手をこまぬいている</u>わけにはいかない水準まで達している。

1 手をつかねている   2 手をぬいている

3 二の足を踏んでいる   4 尻込みしている

19 大谷投手はノーアウト満塁の<u>ピンチ</u>を無失点で切り抜けた。

1 危機   2 土壇場

3 機会   4 頂点

問題4 次の言葉の使い方として最も適当なものを、1・2・3・4から一つ選びなさい。

20 さりげない

1 あまりにも<u>さりげない</u>結末に観客は唖然（あぜん）とした。

2 「佐藤さんが来た」と、兄は<u>さりげなく</u>私に目で知らせてくれた。

3 彼女を夕食に誘ったが、<u>さりげなく</u>断られた。

4 <u>さりげなく</u>買った雑誌に、友人の談話と写真が載っていたのでびっくりした。

21 気が咎（とが）める

1 彼と私は<u>気が咎めない</u>間柄なので、何でも相談できます。

2 釣り具を持って、魚釣りが法で禁じられた池まで足を運んだが、<u>気が咎めて</u>やめた。

3 電車が時間通りに到着しなくて<u>気が咎める</u>。

4 うちの部長は厳しくて、些細なミスでもしようものなら容赦なく<u>気が咎められます</u>。

22 びりびり

1 日焼けによる<u>びりびり</u>する肌の痛みは本当につらい。

2 唐辛子が辛すぎて舌が<u>びりびり</u>する。

3 コンセントを触ったとたん、<u>びりびり</u>きてびっくりした。

4 現在、高橋選手は2軍の<u>びりびり</u>施設で治療に専念している。

23 しがみつく

1 過去の栄光にしがみついていると、それ以上の結果を得ることができない。

2 自分を取り巻く状況の激変に自分自身がしがみついていけない。

3 人は生きている以上、必ず悩みや苦しみというものがしがみつくわけです。

4 以前、子供のしがみつきで病院に一カ月間寝泊まりしたことがある。

24 煮詰まる

1 うっかり乾燥機にかけてTシャツが煮詰まってしまった。

2 先頭の2人のランナーの差が煮詰まってきた。

3 応募締め切りはあと一週間後に煮詰まった。

4 長時間の話し合いの末、結論が煮詰まってきた。

25 ギャップ

1 今回の豪雨により道路がギャップされるなどの被害が報告されている。

2 連行途中、犯人はギャップを見て逃走したそうだ。

3 お気に入りの陶磁器のカップにギャップが入ってしまった。

4 どこの職場にも存在するのが、世代間ギャップをいかに埋めるかという問題である。

정 답

〈Part 01〉

問題1	1	2	3	4	5	6	
	3	**1**	**2**	**4**	**3**	**1**	
問題2	7	8	9	10	11	12	13
	3	**3**	**2**	**4**	**1**	**3**	**3**
問題3	14	15	16	17	18	19	
	4	**3**	**2**	**4**	**3**	**1**	
問題4	20	21	22	23	24	25	
	4	**3**	**2**	**3**	**1**	**2**	

〈Part 02〉

問題1	1	2	3	4	5	6	
	3	**4**	**1**	**4**	**3**	**2**	
問題2	7	8	9	10	11	12	13
	4	**1**	**3**	**1**	**2**	**4**	**3**
問題3	14	15	16	17	18	19	
	4	**2**	**3**	**1**	**4**	**2**	
問題4	20	21	22	23	24	25	
	3	**1**	**4**	**2**	**3**	**1**	

〈Part 03〉

問題1	1	2	3	4	5	6	
	1	**2**	**1**	**4**	**3**	**2**	
問題2	7	8	9	10	11	12	13
	1	**2**	**4**	**3**	**1**	**2**	**3**
問題3	14	15	16	17	18	19	
	4	**2**	**1**	**3**	**4**	**3**	
問題4	20	21	22	23	24	25	
	2	**1**	**4**	**3**	**2**	**1**	

〈Part 04〉

問題1	1	2	3	4	5	6	
	2	**1**	**4**	**3**	**2**	**2**	
問題2	7	8	9	10	11	12	13
	4	**1**	**3**	**2**	**3**	**4**	**1**
問題3	14	15	16	17	18	19	
	4	**3**	**2**	**1**	**3**	**4**	
問題4	20	21	22	23	24	25	
	4	**1**	**3**	**2**	**4**	**1**	

〈Part 05〉

問題1	1	2	3	4	5	6	
	2	**3**	**2**	**4**	**1**	**3**	
問題2	7	8	9	10	11	12	13
	2	**1**	**3**	**4**	**1**	**2**	**3**
問題3	14	15	16	17	18	19	
	4	**1**	**2**	**3**	**4**	**4**	
問題4	20	21	22	23	24	25	
	1	**2**	**2**	**4**	**3**	**1**	

〈Part 06〉

問題1	1	2	3	4	5	6	
	1	**4**	**3**	**2**	**4**	**1**	
問題2	7	8	9	10	11	12	13
	2	**3**	**1**	**3**	**4**	**2**	**3**
問題3	14	15	16	17	18	19	
	1	**4**	**2**	**3**	**1**	**4**	
問題4	20	21	22	23	24	25	
	2	**3**	**1**	**4**	**2**	**1**	

〈Part 07〉

問題1	1	2	3	4	5	6	
	1	**2**	**4**	**1**	**3**	**2**	
問題2	7	8	9	10	11	12	13
	4	**1**	**2**	**3**	**4**	**1**	**2**

問題3	14	15	16	17	18	19
	3	**4**	**1**	**2**	**3**	**2**
問題4	20	21	22	23	24	25
	1	**4**	**2**	**3**	**2**	**1**

〈Part 08〉

問題1	1	2	3	4	5	6	
	1	**3**	**2**	**4**	**1**	**3**	
問題2	7	8	9	10	11	12	13
	1	**4**	**2**	**3**	**2**	**4**	**1**
問題3	14	15	16	17	18	19	
	3	**2**	**4**	**1**	**3**	**2**	
問題4	20	21	22	23	24	25	
	4	**1**	**3**	**2**	**4**	**3**	

〈Part 09〉

問題1	1	2	3	4	5	6	
	1	**2**	**3**	**3**	**1**	**3**	
問題2	7	8	9	10	11	12	13
	3	**4**	**1**	**2**	**3**	**3**	**1**
問題3	14	15	16	17	18	19	
	4	**2**	**1**	**3**	**4**	**2**	
問題4	20	21	22	23	24	25	
	1	**3**	**4**	**2**	**3**	**1**	

〈Part 10〉

問題1	1	2	3	4	5	6	
	1	**3**	**4**	**1**	**2**	**3**	
問題2	7	8	9	10	11	12	13
	1	**3**	**4**	**2**	**3**	**1**	**4**
問題3	14	15	16	17	18	19	
	2	**3**	**4**	**1**	**3**	**2**	
問題4	20	21	22	23	24	25	
	4	**1**	**3**	**2**	**3**	**4**	

〈Part 11〉

問題1	1	2	3	4	5	6	
	2	**3**	**1**	**4**	**2**	**3**	
問題2	7	8	9	10	11	12	13
	3	**2**	**1**	**3**	**4**	**2**	**1**
問題3	14	15	16	17	18	19	
	3	**4**	**2**	**3**	**1**	**2**	
問題4	20	21	22	23	24	25	
	4	**1**	**2**	**3**	**1**	**4**	

〈Part 12〉

問題1	1	2	3	4	5	6	
	3	**4**	**1**	**2**	**3**	**1**	
問題2	7	8	9	10	11	12	13
	2	**3**	**1**	**4**	**4**	**2**	**3**
問題3	14	15	16	17	18	19	
	2	**3**	**4**	**1**	**3**	**2**	
問題4	20	21	22	23	24	25	
	1	**4**	**3**	**4**	**2**	**4**	

〈실전 모의테스트〉

問題1	1	2	3	4	5	6	
	2	**3**	**2**	**1**	**2**	**3**	
問題2	7	8	9	10	11	12	13
	4	**1**	**2**	**3**	**1**	**4**	**2**
問題3	14	15	16	17	18	19	
	1	**2**	**3**	**4**	**1**	**1**	
問題4	20	21	22	23	24	25	
	2	**2**	**3**	**1**	**4**	**4**	

저자 | 이규환

立教大学(릿쿄대학교) 관광학부 졸업

· 와세다일본어학원
   JLPT1급 / 상용한자 / NHK스크린청취 담당
· 청문어학원
   新JLPT N1, N2 / 상용한자 담당
· YBM어학원
   新JLPT N1, N2 담당
· 현) 일공학원
   新JLPT N1, N2 오프라인 강의중
· 현) 주경야독(합격시대)
   新JLPT N2 온라인 강의중
   http://www.ttaja.co.kr/index.html?sess=

카 페 : http://cafe.naver.com/kimutaku2002
이메일 : kimutaku2002@naver.com
카카오 ID : kimutaku2002

작렬 新 JLPT 일본어능력시험 **N1 문자·어휘**

초판 인쇄 2018년 3월 2일
초판 발행 2018년 3월 7일

지은이 | 이규환
펴낸곳 | 제일어학
펴낸이 | 배경태
디자인 | 이주연

주소 | 서울시 마포구 공덕동 463 현대하이엘 1728호
전화 | 02-3471-8080
팩스 | 02-6008-1965
e mail | liveblue@hanmail.net
등록 | 1993년 4월 1일 제 25100-2012-24호

정 가 | 9,000원
ISBN 978-89-5621-082-7 13730